Katrin Unterreiner
Sisi & Co
Die geheimen Leidenschaften der Habsburger

Katrin Unterreiner

Sisi & Co
Die geheimen Leidenschaften
der Habsburger

ueberreuter

Danke, dass Sie sich für unser Buch entschieden haben!
Mehr über unsere Bücher erfahren Sie auf Facebook, Instagram oder
abonnieren Sie unseren Newsletter auf www.ueberreuter.at.

1. Auflage 2024
© Carl Ueberreuter Verlag, Wien 2024
ISBN 978-3-8000-7862-2 (print)
ISBN 978-3-8000-8238-4 (e-book)

Covergestaltung: Saskia Beck | s-stern.com
Coverfotos:
    Josef Arpád von Koppay | Kaiserin Elisabeth auf den Stufen
    des Achilleons, Wikimedia Commons
    Ballon: ÖNB, ANNO Hist. Österr. Zeitungen u. Zeitschriften
    Sport und Salon, 1901
Lektorat: Dr. Arnold Klaffenböck
Satz: Lisa Wilfinger | Carl Ueberreuter Verlag
Druck und Bindung: Imprint d.o.o. | Ljubljana, Slowenien

www.ueberrreuter.at

Inhalt

Vorwort

Der Lebensweg der Habsburger war von Geburt an vorgeschrieben: der Monarchie zu dienen – sei es als regierender Kaiser, Erzherzog mit militärisch-repräsentativen Aufgaben oder Erzherzogin als unterstützende Ehefrauen und Mütter im Dienst und der Erhaltung der Dynastie. So wurden die Mitglieder des Kaiserhauses ausschließlich auf ihre vorgegebenen Rollen vorbereitet. Individualismus war nicht gefragt. Unter Maria Theresia und Franz Stephan von Lothringen hielten vorübergehend Wissenschaft, Bildung und die Ideale der Aufklärung am Wiener Hof Einzug, diese kurze Phase sollte aber mit ihrem Enkel Kaiser Franz II./I. auch schon wieder enden. Danach war Bildung oder gar ein wissenschaftliches Studium nicht nur nicht vorgesehen, sondern ausdrücklich untersagt. Selbst den eigenen Interessen nachzugehen, war offiziell unmöglich und musste daher im Verborgenen und vor allem abseits der Öffentlichkeit geschehen. Dies galt besonders auch für kostspielige Spleens, die das Image der nach außen betont bescheiden auftretenden Habsburger gefährdet hätten. Einige Habsburger setzten sich jedoch über die Familiengesetze hinweg und übten ihre Passion entweder unter trickreicher Umgehung der Familienstatuten oder gar im Geheimen und mitunter sogar „professionell" aus. In diesem Buch werden daher erstmals die bislang „geheimen" Leidenschaften der Habsburger vorgestellt. Gerade die bis heute vielfach unbekannten Talente und Interessen geben neue Einblicke in den privaten Alltag des Kaiserhauses und zeigen viele bekannte Habsburger von einer ganz neuen Seite.

Kaiserin Maria Theresia:
Lotto- und „Pharao"-Spielerin

Maria Theresia (1717–1780) ist als besonnene Monarchin und disziplinierte Persönlichkeit in die Geschichte eingegangen. Eine heimliche Leidenschaft hatte aber auch sie: das Glücksspiel. Maria Theresia liebte generell alle Kartenspiele und organisierte gerne „Spieleabende" in der Familie. Dafür verwandelte man die Ratsstube in der Hofburg in ein „Privatcasino" mit bis zu zehn Spieltischen, an denen unterschiedliche Spiele gespielt wurden. Für diese Familienspielabende wählte Maria Theresia allerdings in erster Linie familientaugliche Spiele wie „Piquet" und „All'ombra", das vor allem ihr Gemahl Franz Stephan schätzte. Die älteren Kinder spielten auch gerne „Trissette" und die kleinsten „Papillon", das in der Familie „Gredl leg Dich" genannt wurde. Maria Theresias größte Leidenschaft waren jedoch Glücksspiele – von Lotterien bis zu Kartenspielen mit einem erklärten Lieblingsspiel: „Pharao". Die täglichen „Pharao"-Partien gehörten zu ihrem fixen Tagesablauf und die Tochter ihrer Hofdame Caroline Pichler schilderte den geregelten Alltag der Kaiserin folgendermaßen: „Sie steht gewöhnlich im Winter um 6 Uhr morgens auf und im Sommer um vier oder fünf Uhr, widmet den ganzen Vormittag den Regierungsgeschäften, liest Berichte, die man ihr erstattet hat, unterzeichnet Schriftstücke und wohnt Konferenzen bei. Sie ißt um ein Uhr zu Mittag, die Mahlzeit dauert kaum mehr als anderthalb Stunden … ergeht sie sich nach dem Mittagessen oft allein, und beschäftigt sich den größten Teil der Zeit mit dem Lesen von Berichten. Von etwa sieben Uhr ab spielt sie gewöhnlich bis achteinhalb Uhr Pharao. Sie ißt dann sehr leicht zu Abend, nimmt meistens nur eine Fleischbrühe zu sich, geht nach dem Abendessen manchmal spazieren und begibt sich gewöhnlich vor zehn Uhr zu Bett."[1]

„Pharao" war ein beliebtes Kartenglücksspiel, das mit französischen Karten gespielt wurde. Sein Name leitet sich von einem als Pharao dargestellten König ab, der als besonders glückbringende Karte galt und auf den man daher am häufigsten setzte. Das Spiel setzte als reines Glücksspiel keinerlei Übung oder Strategie voraus und war äußerst beliebt. Dabei spielte jeweils ein „Banquier" gegen mindestens vier Gegenspieler, „Pointeure" genannt. Er bestimmte den Mindesteinsatz, mischte und verteilte die Karten und ließ die Gegenspieler auf die ihnen zugeteilten Karten „wetten".

Dieses im 18. Jahrhundert in der Hocharistokratie weit verbreitete Spiel existiert bis heute, zählt aber seit Langem zu den verbotenen Glücksspielen und ist vor allem in der Wiener Unterwelt als „Stoß"-Spiel bekannt. Zu Zeiten Maria Theresias spielte jedoch noch die Elite „Stoß" und für die „Pharao"-Partien war im Appartement der Kaiserin stets ein Zimmer mit mehreren Spieltischen vorbereitet, an denen sich die Eingeladenen entweder nach dem Mittagessen oder am Abend zum Spielen trafen. Auch der Obersthofmeister der Regentin, Fürst Khevenhüller-Metsch, schilderte die nahezu täglichen „Pharao"-Partien Maria Theresias, wobei die Kaiserin für ihr Spielglück bekannt und darob geradezu gefürchtet war. Da es sich um ein reines Glücksspiel handelte, konnte man die Regentin auch nicht gewinnen lassen, um ihr zu schmeicheln, weshalb es sich bei ihr tatsächlich um erstaunliches Spielglück handelte. So wurde es auch zunehmend schwierig, eine Partie zusammenzustellen, da die potenziellen Mitspieler – unter anderem Khevenhüller selbst – schon so viel verloren hatten: „so hatte mann zulezt alle Mühe, eine Banque zusammen zu bringen; und wiewollen die Kaiserin die Helffte des Fonds à la fin selbst zugeschossen, so wolte sich doch keine genugsamme Société finden, um wie bishero einen établirten Pharaon à toute heure zu haben."[2] Die leidgeplagten Mitspieler der Kaiserin versuchten also, unter unterschiedlichen Vorwänden den „Pharao"-Partien fernzubleiben.

Adelige „Pharao"-Partie, Johann Baptist Raunacher, Schloss Eggenberg, Graz.

Maria Theresia verlor zwischendurch auch immer wieder einmal große Summen, wie der deutsche Botschafter Graf Podewils nach Berlin berichtete: „Sie liebt hohes Spiel und spielt ziemlich großzügig … sie hat einmal mehr als 100.000 Dukaten verloren."[3] Doch das bekümmerte sie nicht weiter und kurz darauf gewann sie umso mehr wieder zurück. Die Kaiserin war geradezu süchtig nach den „Pharao"-Partien – nur am Karfreitag sollte eine Spielpause eingelegt werden. Umso schwerer fiel es ihr 1758, sich nach den dringenden Bitten ihrer Berater zu einer für sie harten Maßnahme zu entschließen: Im Zuge des öffentlichen Verbots des „Pharao"-Spiels musste sie nämlich mit gutem Beispiel vorangehen und auf das Spielen verzichten. Denn nicht nur Maria Theresia und ihr Hofstaat waren dem Glücksspiel „verfallen", sondern „Pharao" hatte sich auch in der Wiener Bevölkerung durchgesetzt und die „Pharao-Exzesse", wie Khevenhüller es nannte, begannen sich negativ auf die Stimmung im damals herrschenden Kriegszustand auszuwirken. Daher musste Maria Theresia schweren Herzens vorerst ihr geliebtes Spiel aufgeben.

Khevenhüller notierte in seinem Tagebuch: „Ein paar Mahl wurde noch Pharao gespillet; nachdeme mann aber die Kaiserin so offt und nachdrucklich zu erkennen gegeben, wie die Excessen dissfahls täglich zunehmeten, also zwar, daß sogar in denen offentlichen Caffé- und Wirthshäusern, ja bei denen Burgern und Handwerkern fast den ganzen Tag über Pharaon gehalten wurde, so faste sie ganz gähling (jäh) den Entschluß, die alte dießfälige Verbotte zu erneueren; und des gutten Beispills wegen wurde offt gemeltes Spill (ungehinderet sie es vorzüglich liebet) auch bei Hof abgeschaffet und dafür Lansquenet gespillt."[4] Damit wurde also – vorübergehend – zwar „Pharao" verboten, jedoch einfach durch „Lansquenet" („Landsknecht") ersetzt, ein anderes Kartenglücksspiel, das während des Dreißigjährigen Krieges durch die Landsknechte aufgekommen war und eigentlich als Vorläufer „Pharaos" galt. Doch selbst die guten Vorsätze hielten nicht lange und schon im Sommer darauf wurde in Laxenburg wieder eifrig heimlich „Pharao" gespielt.

Aber auch bei den in der Wiener Hofgesellschaft beliebten Lotteriespielen gewann die Kaiserin regelmäßig. Unter anderem unzählige Perlenketten, Colliers und im Mai 1759 sogar ein Haus, das sie jedoch umgehend zu Khevenhüllers größter Freude seiner Frau schenkte. Und wieder betonte er verblüfft das unglaubliche Spielglück der Monarchin: „Verwunderlich ist, was dise allergnädigste Frau für ein Glück in all – dergleichen Hazardspillen hat; denn kaum ware das Hauß durch Loß auf sie gefallen so gewanne sie im Würfflen eine Schnur Perlen, welche alsdann ausgespillet wurde, und warff in drei Treffern consecutive und ohne-einig anderen Wurff 52 Augen – zwei Mahl 16 und zuletzt 18."[5]

Maria Theresia frönte demnach zeit ihres Lebens ihrer großen Leidenschaft. Sie blieb bis ins hohe Alter eine begeisterte – und zumeist heimliche – Karten- und Lotteriespielerin.

Kaiser Franz I. Stephan:
Alchemist und Börsenspekulant

Franz Stephan (1708–1765) erwies sich als äußerst smarter und erfolgreicher Investor, der ein Millionenvermögen erwirtschaftete, das den Grundstein des privaten Reichtums der Familie Habsburg-Lothringen legte.

Während Maria Theresia mit großer Energie nicht nur die Erblande regierte, sondern auch in Reichsangelegenheiten den Ton angab und sich dabei äußerst selbstbewusst von ihrem Mann weder dreinreden noch beeinflussen ließ, nahm die Öffentlichkeit den Kaiser nur am Rande wahr, was dazu führte, dass seine historische Bedeutung nachhaltig verfälscht wurde. Selbst Zeitgenossen ließen sich vom zurückhaltenden Auftreten Franz Stephans täuschen und beschrieben ihn als träge, faul und an Geschäften jeglicher Art uninteressiert. Doch während der Regent nach außen hin den Eindruck charmanter Untätigkeit vermittelte, wurde wenige Schritte von der Hofburg entfernt in seinem privaten Palais, dem „Kaiserhaus" in der Wallnerstraße, eifrig gearbeitet. Hier widmete sich Franz Stephan zielstrebig dem Aufbau der wirtschaftlich höchst erfolgreichen Firma „Habsburg-Lothringen". Der Kaiser konsolidierte dabei nicht nur die Finanzen des Reiches, sondern gründete quasi im Stillen ein Wirtschaftsimperium, das den enormen privaten Reichtum der Habsburger bis zu Kaiser Franz Joseph und seinen Nachkommen begründete und als „Stiftung" über Generationen sicherte. Das Palais in der Wallnerstraße war die Schaltzentrale seines Imperiums, das er mit großem wirtschaftlichen Geschick aufgebaut hatte.

Da Franz Stephan über kein Privatvermögen verfügte und auch der Tausch Lothringens gegen die Toskana zunächst nicht mit finanziellem

Wohlstand verbunden war,[6] standen am Beginn kleine Investitionen, die sich langfristig als äußerst gewinnbringend erwiesen. So kaufte er günstig zahlreiche Güter und Herrschaften in desolatem und abgewirtschaftetem Zustand, um sie in moderne ökonomische Betriebe zu verwandeln. Hierbei konnte er die Erkenntnisse und Erfahrungen seiner Reisen durch Holland, England und Schlesien in den Jahren 1731/32 umsetzen und die landwirtschaftliche Produktion mithilfe neuer Methoden vorantreiben. Er investierte in Maschinen, verbesserte die Produktionsabläufe und schaffte es damit, die Erträge aus Land- und Forstwirtschaft, der Brauerei, dem Weinbau sowie der Vieh- und Fischzucht um ein Vielfaches zu erhöhen. Auch Brau- und Wirtshäuser erwiesen sich als äußerst lukrativ. Vor allem die Güter Holics und Sassin entwickelten sich besonders ertragreich und wurden zu Mustergütern der Monarchie. Mittels modernster Methoden, die er in Holland kennengelernt hatte, etablierte sich Franz Stephan etwa als ertragreichster Entenzüchter des Reiches, indem Wildenten angelockt, mit Netzen gefangen und im großen Stil in alle Teile des Herrschaftsgebietes, darunter an den Wiener Hof, geliefert wurden.

Doch nicht nur als Landwirt, sondern auch als Industrieller erwies er sich als äußerst erfolgreich. Nach dem insbesondere wirtschaftlich herben Verlust Schlesiens bereiste Franz Stephan Böhmen und Mähren auf der Suche nach besten Standorten für Tuchmanufakturen, Leinenwebereien und Spinnereien, gründete in Kladrub und Pottenstein Betriebe und sorgte für einen enormen Aufschwung der Regionen. Gleichzeitig war er an der staatlichen Lotterie beteiligt und belieferte das österreichische Heer mit Waffen.

Im Geheimen verfolgte er jedoch seine größte Leidenschaft, die sogar sein lukrativster Geschäftszweig werden sollte: Spekulationen an der Börse, mit deren er genauso erfolgreich war wie seine Frau im Glücksspiel. Die Gewinne in Millionenhöhe legte er in mehreren Banken in Genua, Venedig und Amsterdam an.[7] Wer seine Bankiers waren, geht aus den Akten nicht hervor, da Franz Stephan auf Diskretion bedacht war und seine genauen Börsen- und Bankgeschäfte bewusst und klug verschleierte. So trat er niemals unter seinem eigenen Namen auf, sondern tarnte alle im Geheimen getätigten Geldgeschäfte mit fantasievollen Pseudonymen wie Engelberto von Fino, Johann von Edelziert oder Evangelist von Lilieninsel. Erst nach seinem Tod erfuhren die Familie und die Welt von seinem Vermögen, das an Bargeld, Realitäten und Papieren rund 17 Millionen Gulden betrug – ein gigantischer Betrag, den er in 30 Jahren erwirtschaftet hatte. In weiser Voraussicht hatte der Kaiser noch dazu eine klare Trennung von Privat- und Staatsvermögen vorgenommen und damit die finanzielle Grundlage für den Familienfonds geschaffen, der nicht nur bis zum Ende der Monarchie bestand, sondern auch danach die Erben Franz Josephs (in erster Linie seine Tochter Marie Valerie, die nach Thronverzicht für sich und ihre Nachkommen unter Beibehaltung des Privatvermögens in Österreich blieb) finanziell absicherte.

Mit dem von ihm erwirtschafteten Vermögen ging Franz Stephan aber auch einer seiner größten – und geheimsten – Leidenschaften nach: der Alchemie. Nur ein kleiner Kreis gleichgesinnter Forscher und Wissenschaftler war eingeweiht und experimentierte gemeinsam mit Franz Stephan, um den großen Traum aller Alchemisten der Zeit zu realisieren: die Herstellung von Gold. Verborgen vor den Augen der Öffentlichkeit ließ er im Keller seines Palais in der Wallnerstraße ein alchemistisches Labor einrichten – vielleicht auch im Keller des kaiserlichen Pavillons im Tiergarten von Schloss Schönbrunn. Dafür würde die Symbolik der Gestaltung des Pavillons mit ihrer Zahlenmystik und astronomischen Ausrichtung sprechen, die generell von der Begeisterung des Kaisers für Mystik und „Geheimwissenschaft" zeugt. Das genaue Wissen darum ist verloren gegangen und so konnte auch eine Planzeichnung des Hofgärtners Franz Boos aus dem Jahr 1780 bis heute nicht ganz entschlüsselt werden. Im Zentrum dieses „mystischen Schaltplans" ist ein sephirotischer Baum der Kabbala, die Versinnbildlichung der Weltordnung nach hebräischer Überlieferung erkennbar.[8] Aber auch der germanische Lebensbaum, der siebenarmige Leuchter und ein Labyrinth sind neben

zahlreichen anderen Symbolen im Grundriss des Schönbrunner Schloss-
parks zu erkennen. Das Ziel dieser Gedankenwelt war, über die Erforschung der kosmischen Ordnung zur Lösung des Menschheitsrätsels
und Entdeckung der „Weltformel" zu gelangen. Dass sich Franz Stephan
auch im Pavillon des Tiergartens Schönbrunn seiner geheimen Leidenschaft widmete, ist also durchaus denkbar. Eindeutige Belege gibt es jedoch, abgesehen von einem großen gemauerten Herd, der allerdings
auch der Zubereitung von Speisen gedient haben könnte, nicht.

*Kaiser Franz Stephan, umgeben von den Leitern der habsburgischen Sammlungen
(v. l. n. r.): Gerard van Swieten (Hofbibliothek), Jean de Baillou (Naturalienkabi-
nett), Valentin Jamerey-Duval (Münzkabinett), Abbé Marcy (Physikalisches Kabi-
nett). Gemälde von Franz Messmer, Jakob Kohl und Martin van Meytens, um 1773.*

Klarer sind die Hinweise darauf im Palais „Kaiserhaus", die dafür sprechen, dass hier tatsächlich alchemistische Versuche stattfanden. Hier ging es jedoch weniger um Mystik, sondern um handfestes irdisches Gut in Form von Gold und Diamanten, die man künstlich herzustellen versuchte. In der Handschriftensammlung der Österreichischen Nationalbibliothek sind noch Pläne eines „Laboratoriums" erhalten, in denen hydraulische Maschinen, die sich im Hof des Palais befunden haben sollen, aufgezeichnet sind.[9] Darunter eine Steinschneide- und eine „Wassermaschine" – eine Apparatur, die aus Zahnrädern und Seilen bestand, die ins Dachgeschoß führten und dort mit einem Bottich verbunden waren. Wie diese Apparaturen genau funktionierten und welchem Zweck sie dienten, ist jedoch nicht beschrieben. Auch ein unterirdischer Kuppelraum mit einem gemauerten Schlot sowie einem Wasserbehälter existiert bis heute und spricht damit für ein alchemistisches Labor im Keller des kaiserlichen Palais in der Wallnerstraße. Überliefert ist zudem, dass der selbst ernannte „Goldmacher" Sehfeld aus Oberösterreich, der für einige Zeit in Rodaun lebte, von Franz Stephan engagiert wurde, Gold herzustellen. Der Regent stand aber auch in engem Austausch mit dem Jesuitenpater, Mathematiker und Physiker Joseph Frantz und wohnte, wie das „Wienerische Diarium" 1746 berichtete, seinen elektrischen Experimenten bei. Ein weiteres gemeinsames Experiment war der Versuch, mehrere kleine Diamanten zu einem großen „zusammenzuschmelzen". Der dafür verwendete Brennspiegel ist bis heute im Naturhistorischen Museum ebenso erhalten wie zahlreiche verkohlte Reste der eingesetzten Diamanten, die durch die starke Erhitzung Feuer gefangen hatten.

Der überraschende Tod Franz Stephans im Jahre 1765 beendete die alchemistischen Versuche im Kaiserhaus, denn sein Sohn und Nachfolger Joseph II. war als erklärter Anhänger der Aufklärung kein Förderer jener „Wissenschaft".

Die alchemistischen Experimente waren damit die einzige Unternehmung Franz Stephans, die erfolglos blieb, dennoch widmete er sich dieser Forschung sein gesamtes Leben mit großer Passion und Hingabe.

Kaiser Franz Stephan von Lothringen, anonymes Gemälde, um 1750.

Erzherzogin Maria Anna:
Mineralogin und Archäologin

Die älteste Tochter Maria Theresias und Franz Stephans, Maria Anna (1738–1789), war ihrem Vater in vielem ähnlich und erbte auch sein Interesse für Naturwissenschaften. Sie fungierte im Hintergrund als seine Assistentin, baute mit ihm die Sammlungen auf, die den Grundstein für das Naturhistorische Museum bilden. Dass ihr dieses Leben möglich war, hatte sie dem Umstand zu verdanken, dass sie als Kind an einer schweren Lungenerkrankung litt, die zu Verwachsungen und der Ausbildung eines Buckels führte, womit sie für eine Verheiratung nicht mehr infrage kam. In Anbetracht der Tatsache, dass „heiratsfähige" Erzherzoginnen ausschließlich aus politischen Gründen an weit von ihrer Heimat entfernte fürstliche Höfe verheiratet wurden und zumeist ein absolut fremdbestimmtes, tatenloses, oft auch einsames Leben führten, war die einzige Alternative – nämlich „ins Kloster zu gehen" – meist die glücklichere Variante. Dieser Lebensweg bedeutete im Fall der kaiserlichen Töchter kein entsagendes Leben als Nonne hinter Klostermauern. Erzherzoginnen standen als Äbtissinnen zumeist nur nominell dem Kloster vor und residierten, wenn sie überhaupt vor Ort lebten, in entsprechenden Appartements. Sie konnten ihren Interessen nachgehen und vermutlich sogar ein wesentlich angenehmeres Leben führen als jene Töchter, die in erster Linie dazu da waren, möglichst viele Nachkommen in die Welt zu setzen.

Auch Maria Anna wurde nur nominell Äbtissin eines adeligen Damenstiftes auf dem Prager Hradschin, lebte jedoch weiterhin am kaiserlichen Hof in Wien, wo sie ungestört ihren naturwissenschaftlichen Interessen nachgehen konnte. Sie hatte ein besonders enges Verhältnis zu ihrem Vater, der sie in ihren Interessen voll und ganz unterstützte. Als seiner „Assistentin" ermöglichte er ihr eine umfassende Bildung und ließ sie auf Augenhöhe mit seinen wissenschaftlichen Beratern agieren. So stand Maria Anna mit den führenden Wissenschaftlern ihrer Zeit in Kontakt und Austausch, galt selbst als hochgebildet und Kapazität in mehreren naturwissenschaftlichen Bereichen. Der wohl berühmteste Mineraloge seiner Zeit, Ignaz von Born, zählte zu ihrem engsten Freundeskreis, gilt auch als ihr Lehrer auf diesem Gebiet und wurde von ihr mit der systematischen Ordnung ihrer Mineraliensammlung betraut. Der Tod Franz Stephans stellte eine erste große Zäsur in Maria Annas Leben dar, da sie mit ihm nicht nur ihren geliebten Vater, sondern auch ihren engsten Vertrauten verloren hatte. Sie blieb auch in den kommenden Jahren am Wiener Hof und führte die wissenschaftliche Arbeit Franz Stephans fort.

Der Tod ihrer Mutter Maria Theresia 1780 sollte ihr Leben jedoch radikal verändern. Denn Maria Annas Bruder und Nachfolger seiner Eltern, Kaiser Joseph II., der keine enge Bindung zu seinen Geschwistern hatte und sich vor allem durch die Anwesenheit seiner Schwestern bei Hof gestört fühlte, beschloss, dass unverheiratete Erzherzoginnen nicht weiter bei Hof leben konnten und in ihre Ordensklöster übersiedeln mussten. Diese Entscheidung war für Maria Anna zunächst ein harter Schlag, da sie nun nicht weiter am Aufbau der naturwissenschaftlichen Sammlung ihres Vaters arbeiten konnte. Doch die selbstbewusste Erzherzogin wusste sich zu helfen und übersiedelte 1781 nicht nach Prag, sondern nach Klagenfurt, wo es ihr möglich war, weiterhin ihrer Leidenschaft nachzugehen. Denn nahe der Kärntner Hauptstadt fanden damals auf dem Zollfeld Ausgrabungen statt, die in die Geschichte eingehen sollten. Maria Anna finanzierte und leitete gemeinsam mit Franz Joseph Graf von Enzenberg die Ausgrabungen von Virunum, wobei sie abseits der Öffentlichkeit die archäologischen Arbeiten sowohl mit Geldmitteln unterstützte, als auch selbst mitarbeitete. In Klagenfurt lebte sie in dem von Nikolaus von Pacassi für sie erbauten Palais, in dem sich heute die erzbischöfliche Residenz befindet, und wurde – wenig erstaunlich – zum Mittelpunkt eines wissenschafts- und kunstinteressierten Kreises. 1783 benannte man ihr zu Ehren die Freimaurerloge „Zur wohltätigen Marianna" – ein weiterer Hinweis auf ihr „verborgenes" Leben.

Das Marianum in Klagenfurt, Lithografie von Joseph Wagner, um 1849.

Erzherzogin Maria Anna, Portrait von Jean-Étienne Liotard, 1762.

Kaiser Franz II./I.: Gärtner

Kaiser Franz (1768–1835), der seine Kindheit mit den Eltern als Regenten der Toskana in Florenz verbracht hatte, entwickelte bereits als Jugendlicher eine Leidenschaft für Botanik und Gartengestaltung. Dennoch war er der einzige Habsburger, der sich tatsächlich mit dem Handwerk seiner Wahl intensiv auseinandersetzte. Er ließ sich von den führenden Gartengestaltern seiner Zeit – darunter Nikolaus von Jacquin – zum Gärtner ausbilden und die Gärtnerei sollte sogar zu seinem wichtigsten und bevorzugten Lebensinhalt werden. Er war fasziniert von der Kraft der Natur und die kontemplative Ruhe bei der Gartenarbeit gab ihm nicht nur Kraft, sondern auch Selbstvertrauen. Daher setzte er sich intensiv mit allen Belangen der Gartenpflege auseinander, arbeitete eng mit seinem Hofgärtner Franz Antoine zusammen und zog sich am liebsten in seine Gewächshäuser zurück, um dort Abstand von den politischen Wirren rund um die Napoleonischen Kriege nehmen oder familiären Problemen, wie etwa dem jahrelangen Kampf gegen die „Mesalliance" seines Bruders Erzherzog Johann mit der Postmeistertochter Anna Plochl, zu entfliehen.

Wie wichtig ihm dieses Thema war, zeigt die Tatsache, dass er Pflanzenkunde sogar in die Erziehung seiner Kinder und Enkel aufnahm und Botanik damit bis zum Ende der Monarchie zu einem fixen Bestandteil der Erziehung des kaiserlichen Nachwuchses bei Hof machte. Der Unterricht in Pflanzenkunde begann bereits im Kleinkindalter, dabei wurden die Kinder angehalten, Pflanzen zu sammeln, Herbarien anzulegen und sich mit Gartenwerkzeug vertraut zu machen. Später wurde jedem Kind ein eigener Garten auf der Burgbastei zugewiesen, wobei ihre Aufgabe darin bestand, die Pflanzen für ihre Beete auszusuchen, sie einzusetzen, zu pflegen und schlussendlich zu ernten. Der Brief Erzherzog Josephs, eines Sohnes des Kaisers, belegt, dass diese Aufgabe nicht nur ernsthaft erfüllt, sondern auch zelebriert wurde. So schrieb Joseph am 8. August 1806 aus Laxenburg an seinen Vater in Wien: „Die guten Zipfer Erbsen, die ich zu Kaschau bekam, und hier in meinem Garten anbaute, tragen schon die schönsten Früchte. Die Erstlinge gehören meinen größten Wohltätern, dem besten Papa und der liebsten Mama. Ich nehme mir demnach die Freyheit, sie ehrfurchtsvoll zu überschicken …"[10]

Die Auseinandersetzung mit der Natur sollte aber nicht nur als Ausgleich zum Unterrichtsalltag dienen, sondern vor allem drei wesentliche Aspekte vereinen: zu erlernen, Verantwortung zu übernehmen, eine Sache vom Anfang bis zum Ende konsequent zu verfolgen und ein Gefühl für die sie umgebende Natur als Sinnbild der Welt zu entwickeln. Hinzu kam im beginnenden 19. Jahrhundert, dass sich die Einstellung, Kinder möglichst in geschlossenen Räumen aufwachsen zu lassen, änderte und sie nun spielerisch „an die frische Luft geschickt" wurden. So schrieb ein Enkel des Kaisers, der Herzog von Reichstadt, in einem Brief an seine Mutter Marie-Louise: „Ich arbeite sehr oft in dem neuen Garten mit meinem Großvater, wo es jetzt immer viel zu thun gibt …"[11]

Kaiserin Marie Therese:
Kostüm- und Bühnenbildnerin

Die zweite Frau Kaiser Franz II./I. und Mutter seiner zwölf Kinder, Marie Therese von Bourbon-Sizilien (1772–1807), war nicht nur theaterbegeistert, sondern auch talentierte Bühnen- und Kostümbildnerin, wie ihr Nachlass[12] eindrucksvoll belegt.

Bereits im 17. Jahrhundert entwickelten die Habsburger eine besondere Begeisterung für theatralische Darbietungen, an denen sie auch aktiv als Schauspieler, Tänzer und Sänger mitwirkten. Die Teilnahme an Theater-, Opern- und Ballettaufführungen war fixer Bestandteil der Erziehung und gehörte somit zum Alltag der kaiserlichen Kinder. Vor allem Kaiserin Maria Theresia arrangierte mit großer Begeisterung zu Geburts- oder Namenstagen von Angehörigen Aufführungen unter Mitwirkung ihrer Kinder und schrieb 1759: „Spectacle müssen sein, ohnedem kann man nicht hier in einer solchen großen Residenz bleiben."[13] So schildert ihr Obersthofmeister, Fürst Khevenhüller-Metsch, die Vorführung anlässlich des Namenstages Kaiser Franz Stephans am 5. Oktober 1759: „Der Erzherzog Ferdinand macht die Ouverture mit den Paucken, sodann recitierte der kleinste (dreijährige) Herr Maximilian einen von dem Abbate Metastasio componirten wälschen Glückwunsch … die kleinste Erzherzogin Antonia sang ein französisches Vaudeville, die übrigen alle aber italienische Arien. Der Erzherzog Carl spillete ein Concert auf der Violine und der älteste Herr (Joseph) auf dem Violoncello … und zum Schluß haben die Erzherzoginnen Maria Anna und Maria (Christina) auf dem Clavier Concerti geschlagen und die erstere, welche wegen ihrer üblen Brust eine zwar schwache aber sehr angenehme und reine Stimme hat, sich selbst accompagnieret (begleitet)."[14] Neben der allgemeinen Unterhaltung verfolgten diese Aufführungen aber vor allem einen pädagogischen Zweck: Die Kinder sollten sich an „Auftritte" gewöhnen, ihre Schüchternheit überwinden und lernen, vor großer Zuhörerschaft ein gutes Auftreten zu haben und mit lauter, klarer Stimme zu sprechen.

Die große Begeisterung der Habsburger für theatralische Darbietungen blieb auch im 19. Jahrhundert fixer Bestandteil der Erziehung und des Alltags der kaiserlichen Kinder. Allen voran förderte Kaiserin Marie Therese die Schauspielbegeisterung der Kinder und arrangierte nicht nur zu allen sich bietenden Anlässen kleine Aufführungen, sondern gestaltete auch selbst Bühnenbilder und Kostüme dafür. Im Nachlass der Kaiserin befinden sich bis heute zahlreiche Entwürfe für Gewänder und Kulissen. Auffallend ist dabei, dass es sich nicht um dilettantische Zeichnungen handelt, sondern Marie Therese durchaus Talent besaß. Die detaillierten Darstellungen, Skizzen und Notizen belegen ihre große Leidenschaft für die Gestaltung von Aufführungen, Kostüm, Bühnenbild und sogar Regie. Denn in ihrem Nachlass befinden sich auch zahlreiche Rollen- und Textbücher für verschiedenste Inszenierungen, die sie beauftragte und mitentwickelte. Anmerkungen belegen, dass sie sich intensiv mit allen Belangen einer Theateraufführung befasste, mit zahlreichen Autoren in Kontakt stand und offenbar ihr ganzes Leben ihrer Passion widmete.

Erzherzog Johann:
Industrieller und Landwirt

Der jüngere Bruder von Kaiser Franz, Erzherzog Johann (1782–1859), zählt zweifellos nicht nur zu den gebildetsten und interessantesten Habsburgern, sondern ist vor allem der einzige, der für seine Visionen leidenschaftlich kämpfte und sie auch tatkräftig umsetzte. Seine zahlreichen Innovationen auf vielen Gebieten, von der Eisenindustrie über die Landwirtschaft bis hin zur Botanik, haben nicht nur die Steiermark bis heute geprägt, sondern das ganze Land. Vielfach ist in Vergessenheit geraten, dass heute international erfolgreiche Unternehmen ohne ihn gar nicht existieren würden.

Als Stellvertreter des Kaisers lebte Johann einige Jahre in Tirol, wo er in engem Kontakt zum Freiheitskämpfer Andreas Hofer stand. Nach dessen Hinrichtung musste auch Johann das Land verlassen und übersiedelte in die Steiermark, die seine neue Heimat werden sollte. Schon 1811 gründete er mit dem nach ihm benannten Joanneum nicht nur ein Landesmuseum, sondern gleichzeitig auch eine Bildungseinrichtung, die allen Schichten der Bevölkerung zugänglich sein und dienen sollte. Denn Johann fühlte sich tatsächlich der Allgemeinheit verpflichtet. Er betrachtete seine privilegierte Stellung als Aufgabe und Auftrag, sich in den Dienst des Volkes zu stellen. In seinem Fall waren dies jedoch keine leeren Worthülsen, sondern ernsthafte Überzeugung, nach der er handelte und sein gesamtes Leben gestaltete. Sein kaiserlicher Bruder war jedoch entsetzt und versuchte über Jahre, das Engagement Johanns zu verhindern oder zumindest zu behindern. Diese Situation führte dazu, dass der Erzherzog viele seiner Ideen und Vorhaben im Verborgenen vorbereitete und ausarbeitete, um sie dann umso schneller umzusetzen, ohne dass der Kaiser noch eingreifen konnte, ohne für einen Skandal zu sorgen.

Zentrales Anliegen war ihm der Bauernstand, dessen Produktionsweise er modernisieren und damit auch den Lebensstandard verbessern wollte. Dafür musste er aber das Vertrauen der Landwirte gewinnen. Johann wollte nicht erlassen und verfügen, sondern überzeugen. 1819 gründete er die Landwirtschaftliche Gesellschaft, deren Ziel es war, die neuesten Methoden und damit verbundenen Möglichkeiten bekannt zu machen. Dieser Gedanke war auch der Hintergrund für den Aufbau der bis heute einmaligen Sammlungen des Erzherzogs, aus denen das steirische Landesmuseum Joanneum hervorging. Neben den bekannten geologischen und botanischen Sammlungen existieren jedoch noch andere, kaum weniger bedeutende. Dazu zählen die Xylothek genauso wie die pomologische Sammlung oder die Miniaturmodelle landwirtschaftlicher Geräte. Mit den detailgetreuen verkleinerten Nachbildungen konnte Johann bei Besuchen oder Versammlungen die Handhabung und Vorteile der neuartigen Gerätschaften genau erklären und die Bauern dafür gewinnen, sie anzunehmen.

Außergewöhnlich ist sicher die pomologische Sammlung, die aus Wachs gefertigte Apfelsorten umfasst. Wenn „Steirische Äpfel" heute als Gütesiegel und Qualitätsmerkmal dienen, ist es genau dieser Sammlung und der Idee des Erzherzogs zu verdanken. Denn bis ins frühe 19. Jahrhundert gab es zwar viele Apfelbäume in der Steiermark, der Großteil lieferte jedoch wenig schmackhafte Mostäpfel, die kaum als Nahrungsmittel dienen konnten. Der Erzherzog sammelte daher über tausend Apfelsorten, die er im Versuchsgarten des Joanneums anbauen ließ. Die Früchte wurden katalogisiert, beschrieben und mittels Wachsmodellen als naturgetreue Objekte dokumentiert. Die Sammlung hatte einen wissenschaftlichen Anspruch, gleichzeitig sollte damit anschaulich gemacht werden, welche Sorten und Möglichkeiten der Kultivierung es gab, um die Bauern zu motivieren, sie anzunehmen. Damit sollte aber nicht nur ein

Beitrag zur Artenvielfalt geleistet werden. Das vorrangige Ziel war vielmehr, den Ertrag, Absatz und damit Gewinn der Landwirte zu erhöhen.

*„Stieleiche", Band aus der Xylothek Erzherzog Johanns. In dieser Holzbibliothek
wurden Baumarten und ihre Bestandteile in Form von bücherartigen Kästchen,
die aus dem jeweiligen Holz des Baumes angefertigt wurden, gesammelt.
Universalmuseum Joanneum Graz.*

Mit welcher Liebe und welchem Aufwand Johann die Xylothek – also die „Baumbibliothek" – gestalten ließ, bezeugt seine Leidenschaft für das Thema. Jede Holzschachtel in Buchform ist aus dem Holz gearbeitet, dessen Baum sie darstellt. Das Kästchen ist wie ein Buch zu öffnen und besteht aus zwei Hälften, die alle Bestandteile des jeweiligen Baumes, von der Wurzel über den Stamm, die Rinde und Blätter bis hin zu seinen Früchten, dokumentieren.

Im 1822 eingerichteten Versuchshof in Graz ließ der Erzherzog stets die neuesten landwirtschaftlichen Maschinen und Geräte erproben. Versuchsfelder dienten dazu, deren Wirkung festzustellen und verschiedene Anbaumethoden vorzunehmen. Der noch wenig verbreitete Anbau von Kartoffeln wurde gefördert, ebenso jener von Obst und Wein, man testete neues Saatgut, darunter Weizen- und Maissorten. Da Naturkatastrophen wie Hagelschäden, Brände oder Überschwemmungen für den Bauernstand damals noch existenzbedrohend und Landwirte von der Mildtätigkeit und Entscheidung des Kaisers abhängig waren, ob und wer eine Entschädigung erhielt, gründete Johann 1829 auch eine Versicherungsanstalt, die schon nach kurzer Zeit großen Zuspruch erhielt.

Erzherzog Johanns Engagement und Bedeutung für die steirische Eisengewinnung und -industrie ist wohlbekannt. Initialzündung war sicherlich eine frühe Reise nach England, die ihn für den Rest seines Lebens prägen sollte. Hier wurden ihm aber nicht nur die Vorteile der Industrialisierung klar, sondern gleichzeitig auch die Herausforderung, die technischen Neuerungen im Einklang und nicht auf Kosten der Natur und Bevölkerung umzusetzen. Um zu beweisen, dass technischer Fortschritt nicht zwangsläufig die gewachsenen Gesellschaftsstrukturen zerstören und zur Entwurzelung der bäuerlichen Welt führen müsse, beschloss er, selbst den Beweis anzutreten und gleichzeitig Förderer der bäuerlichen Kultur und Industrieller zu sein. 1822 kaufte er in Vordernberg eine Hochofenanlage und begann in der Eisengewinnung und Verarbeitung neue Maßstäbe zu setzen, die bis heute bei voestalpine Stahl Donawitz bei Leoben fortgeführt werden.

Auch wenn Erzherzog Johann sein gesamtes Engagement für und in der Steiermark nicht in offizieller Funktion, sondern rein als Privatmann umsetzte, gilt der „steirische Prinz" bis heute als Identifikationsfigur des Landes. Johann hat sich erfolgreich gegen die Bevormundung seines kaiserlichen Bruders durchgesetzt, sowohl in seinem „beruflichen" Engagement als auch in seinem Privatleben und seiner mit großer Geduld erkämpften Heirat mit Anna Plochl.

Kaiser Ferdinand I.:
Landwirt und Werkzeugsammler

Kaiser Ferdinand (1793–1875) ist als „Ferdinand der Gütige" in die Geschichte eingegangen. Damit umschrieb man gnädig die Tatsache, dass er als schwerer Epileptiker und geistig zurückgeblieben de facto regierungsunfähig war. Seine in Vergessenheit geratenen Sammlungen moderner Messgeräte, Werkzeuge und landwirtschaftlicher Geräte erzählen jedoch von der großen, bislang unbekannten Leidenschaft des Ex-Kaisers für moderne Technologien und zeigen, dass er bislang stets in einem ganz falschen Licht erschien.

Dem Primogeniturgesetz der Habsburger folgend, wurde der älteste Sohn von Franz II./I. 1835 dessen Nachfolger als österreichischer Kaiser. Staatskanzler Metternich hatte – in erster Linie wohl auch aus persönlichen Gründen – auf das Legitimitätsprinzip gepocht, da Ferdinand die Machtposition des Fürsten nicht nur nicht gefährdete, sondern sogar sicherte. Vom offensichtlich körperlich und geistig beeinträchtigten Ferdinand drohte keine Gefahr für das Metternichsche System, das durch Polizeistaat und Spitzelwesen uneingeschränktes absolutistisches und reaktionäres Regieren ermöglichte.

Die Habsburger hatten aus dynastischen Gründen über Jahrhunderte im engsten Familienkreis Ehen geschlossen. Dass Onkel und Nichten, Cousins und Cousinen heirateten, war keine Seltenheit – ernsthafte augenscheinliche Degenerationserscheinungen waren erstaunlicherweise jedoch selten, wenn sich auch gewisse Familienkrankheiten bemerkbar machten. Ferdinands Eltern waren Cousins und der erstgeborene Sohn zeigte schon bei seiner Geburt degenerative Anzeichen. Er hatte einen deformierten übergroßen Kopf, lernte erst sehr spät zu sprechen und zu gehen – und war Epileptiker. Die Epilepsie äußerte sich in seinem Fall mit „Petit-mal"-Anfällen – Bewusstseinsverlusten ohne Krampferscheinungen, bei denen er nur vor sich hinstarrte sowie unkontrollierbare Zuckungen der Gesichtsmuskulatur hatte. Erst mit neun Jahren begann der Unterricht des Kronprinzen. Ferdinand hatte jedoch das große Glück, Erzieher zu bekommen, die ihn nicht aufgaben, sondern forderten und damit förderten. Zunächst bemühte sich Steffaneo-Carnea intensiv um seinen Schützling und erzielte auch erste kleine, aber wichtige Erfolge: Ferdinand lernte, ein Glas zu halten, sich selbst einzuschenken, allein Stiegen hinauf- und hinunterzugehen, Türen selbst auf- und zuzumachen. Vor allem aber sein späterer Erzieher Joseph Freiherr von Erberg förderte jene Eigenschaften, die ihn später auszeichnen sollten: sein musisches Talent sowie vor allem sein technisches und landwirtschaftliches Interesse. Als Ferdinand nach dem Tod seines Vaters 1835 Kaiser von Österreich wurde, war rasch klar, dass er kein starker Herrscher sein würde. Aber auch wenn er sich de facto als regierungsunfähig erwies, war er deswegen noch lange kein debiler Mann.

Im Revolutionsjahr 1848 verzichtete Ferdinand, der unmöglich Entschlossenheit, Stärke und die Würde des Kaiserhauses repräsentieren konnte, zu Gunsten seines Neffen Franz Joseph auf den Thron und zog sich nach Prag zurück. Von dort aus bewirtschaftete er die in Böhmen liegenden Güter seines verstorbenen Neffen, des Herzogs von Reichstadt, und sollte sein Umfeld in höchstes Erstaunen versetzen. Denn er erzielte durch geschickte Verwaltung, die ihm niemand zugetraut hätte und die auf seiner Kenntnis moderner Gerätschaften und Produktionsabläufe basierte, binnen kürzester Zeit Erträge in Millionenhöhe und wurde damit zu einem der wohlhabendsten Habsburger des 19. Jahrhunderts. Die Güter Ferdinands brachten ein jährliches Einkommen von über einer Million Gulden, sein Barvermögen betrug mehrere Millionen Gulden. Als er 1875 im 83. Lebensjahr verstarb, war sein Neffe, Kaiser Franz Joseph, Universalerbe und wurde damit von einem Tag zum anderen zu einem der vermögendsten Männer seiner Zeit. Da Ferdinand sein Vermögen im Geheimen aufgebaut und selbst seine engste Familie nichts davon mitbekommen hatte, schrieb Franz Joseph völlig überrascht an Graf Crenneville: „Auf einmal bin ich ein reicher Mann."[15] Doch wie war Ferdinand zu diesem Know-how gekommen?

Spannend ist hierbei ein Blick zurück in seine Jugendzeit und Erziehung. Hier zeigt sich, dass wie so oft der Zufall oder das Schicksal eine große Rolle spielt. Denn Ferdinand erhielt einen Lehrer, der ihn in „Natur- und Maschinenlehre" unterrichtete und sein Leben entscheidend prägen sollte: Abbé Johann Christoph Stelzhammer. Dieser war niemand Geringerer als der Kustos der kaiserlichen Modellsammlung des physikalischen und astronomischen Kabinetts, das einst Kaiser Franz Stephan von Lothringen gegründet hatte. Die Modellsammlung des Kaiserhauses stand repräsentativ für das Interesse der Habsburger an technischen Neuerungen und Errungenschaften im 18. Jahrhundert. Stelzhammer war aber nicht nur Leiter dieser Sammlung, sondern hielt auch Vorlesungen am neu gegründeten Polytechnischen Institut und gilt als einer der Pioniere im Aufbau der historisch bedeutenden Modellsammlung. Auch Georg Altmütter, der Leiter des „Fabriksproduktenkabinetts", hatte in der Entstehung der kaiserlichen Sammlungen eine entscheidende Bedeutung, umso mehr, als seine Sammlung bis heute im Technischen Museum erhalten ist. Deren große Bedeutung lag darin, alle Erneuerungen nicht nur durch Modelle zu dokumentieren, sondern damit auch für ihre Verbreitung, Akzeptanz und Verwendung zu sorgen. Dadurch nahm die Entwicklung von Gewerbe und Industrie landesweit einen Aufschwung. Die Sammlung enthielt Modelle der neuesten Getreide- und Ölmühlen, Dresch-, Samenreinigungs- und Sämaschinen aus der Landwirtschaft, eine Steinschneidemaschine, Sägewerke und Papiermühlen aus der Grundstoffindustrie, verschiedene Webstühle aus der Textilverarbeitung, einen Drahtzug, eine Nadelpoliermaschine sowie mehrere Maschinen zum „deßinierten Drehen" aus der Metallbearbeitung, verschiedene Aufzugmaschinen, Pumpen, Waagen und vieles mehr.[16]

Wie es scheint, gelang es Stelzhammer, seine Begeisterung für neue technische Gerätschaften und Entwicklungen an seinen Schüler Ferdinand weiterzugeben. Der Kronprinz entwickelte eine Leidenschaft für moderne Werkzeuge und Apparaturen, die ihn sein ganzes Leben lang begleiten sollte.

Neben seiner damals hochmodernen technischen Modellsammlung besaß Ferdinand eine umfangreiche Bibliothek und blieb so am Puls der Zeit. Dass er sich nicht nur passiv dafür interessierte, sondern auch zukunftsweisende Entwicklungen erkannte und aktiv förderte, belegt die Tatsache, dass er die erste Sammlung neu entwickelter Werkzeuge, die ein Werkzeugmacher aus Krems 1844 bei der Industrieausstellung in Laibach ausstellte, sofort ankaufte. Im Jahr darauf erhielt der Werkzugmacher den Titel eines k.k. Hof-Werkzeugfabrikanten und begründete eine Firma, die Weltruhm erlangen sollte: Franz Wertheim, der einige Jahre darauf mit seinen „feuerfesten Kassen" – also Tresoren – international Furore machte und einer der vermögendsten Unternehmer der Monarchie wurde. Bis heute sind Wertheim-Tresore eines der erfolgreichsten Produkte und Firmen weltweit. Die Basis für den Erfolg legte jedoch Kaiser Ferdinand, der bei Wertheim mehrfach Modelle seiner neuesten Entwicklungen für die eigene Sammlung und ganze Kollektionen ankaufte und ihm damit zu Ansehen und Popularität verhalf.

Ferdinand stand aber vor allem auch in engem Austausch mit Peter Jordan, dem Leiter der Landwirtschaftsgesellschaft, die vorrangig die Neuerungen dieses Sektors belegen und fördern sollte. Eine wichtige Rolle spielte dabei auch der Modellist der Gesellschaft, Abbé Harder, der um die tausend Modelle für die Gesellschaft, aber auch direkt für Kaiser Ferdinand baute. Die Präzision seiner Arbeiten ist bis heute erstaunlich. Durch die Förderung durch das Kaiserhaus entwickelten sich schließlich zahlreiche Unternehmen, die sich mit der Herstellung landwirtschaftlicher Geräte, Maschinen und Modelle befassten und damit die industrielle Grundlage für die Intensivierung der Agrarwirtschaft bildeten. Die Entwicklung hatte mit der Einführung der Fruchtwechselwirtschaft begonnen, ab 1857 erfolgte eine weitere Zäsur durch die Erfindung des Lokomobils, einer Art Dampftraktor – dem Beginn der maschinellen Landwirtschaft. All diese Entwicklungen kannte Ferdinand aus erster Hand und sollte einer der ersten und erfolgreichsten Anwender werden.

Sein Vermögen erlaubte später vor allem der Familie seines Neffen und Nachfolgers, Kaiser Franz Joseph, ihrer Leidenschaften nachzugehen – allen voran Kaiserin Elisabeth, deren kostspieliges Leben erst durch Ferdinands Privatvermögen, das auf seiner Leidenschaft für Landwirtschaftstechnik basierte, ermöglicht werden sollte.

Kaiser Ferdinand I, Gemälde von Eduard Edlinger 1843, Belvedere Wien.

Erzherzogin Sophie: Maskeraden und Tableaux

Als Erzherzogin Sophie (1805–1872) an den Wiener Hof kam, übernahm sie als Tochter des Königs von Bayern wie von ihr erwartet die hiesigen Gepflogenheiten. Eine Tradition sollte sich jedoch zu einer wahren Leidenschaft entwickeln: die sogenannten Tableaux.

Sophie liebte große Familienzusammenkünfte und war stolz darauf, dass alle Angehörigen täglich zum Tee kamen – was keine Selbstverständlichkeit war. Normalerweise ging bei Hof jeder seiner Wege und man traf nur zu verpflichtenden Anlässen zusammen. Sophie etablierte hingegen ein beinahe „bürgerliches" Familienleben bei Hof und legte großen Wert auf Familientreffen. Zu besonderen Anlässen wie Geburts- oder Namenstagen wurden kleine Theaterstücke, bei denen die Kinder im Mittelpunkt standen, einstudiert. Diese familiären Aufführungen waren seit Maria Theresia und ihrem Motto „Spectacle müssen sein" Tradition bei Hof, da sich die Kinder dadurch spielerisch an gutes, selbstbewusstes Auftreten, artikuliertes Sprechen und generell an „Auftritte" vor Publikum gewöhnen sollten.

Eine besondere Rolle im Familienleben spielte Sophies jüngster Sohn Ludwig Victor, der als kleiner Bub charmant und leutselig war und vor allem gerne „auftrat". In ihrer Begeisterung für Maskeraden als Abendunterhaltung ließ Sophie ihren Jüngsten daher regelmäßig wie eine Anziehpuppe verkleiden und in unterschiedlichsten Kostümen im Kreis der Familie und Hofdamen auftreten. So notierte Franz Joseph in seinem Tagebuch am 25. August 1843 über seinen gerade einmal einjährigen Bruder: „Der kleine Ludwig im Gemsjäger Costume"[17]. Und 1845 unterhielt der Dreieinhalbjährige anlässlich des Geburtstages seines älteren Bruders Carl Ludwig in einem maßgeschneiderten Minifrack inklusive Weste, weißer Krawatte, schwarzen Hosen und Lackschuhen. Offenbar sorgte er damit dermaßen für Furore, dass der Auftritt mehrmals wiederholt wurde, und Carl Ludwig schrieb in sein Tagebuch: „Der kleine Ludwig mußte sich vor dem Grafen Mervelt und vor dem Grafen Morzin im Frack produzieren", am 6. November „… der kleine Ludwig mußte heute wieder im Frack sich produzieren und zwar vor dem Baron Reischach und vor dem Baron Gorizzutti …" und am 11. November im Kreise der Hofgesellschaft „… nach dem Essen producirte sich der kleine Ludwig im Frack."[18]

Maskeraden waren generell traditioneller Teil der höfischen Unterhaltung. Wie selbstverständlich diese waren und wie sehr sich die Familie zum Beispiel auf den „tollen Tag" (Faschingsdienstag) und die zu erwarteten Verkleidungen freute, zeigt bereits die Tagebucheintragung Carl Ludwigs aus dem Jänner 1845: „Heute war der letzte Faschingstag. Abends war(en) wir bei der Toilette (Anm. dem Umziehen vor dem Schlafengehen) des kleinen Ludwig. Als der kleine Ludwig im Bette war, kam auf einmal der Maxi (Anm. sein Bruder Erzherzog Ferdinand Max). Und wie kam er? und wie kam er? mascirt als Dame, das ganze richtete die Sophie (Anm. Frappard, das Kammermädchen Sophies), er hatte ein kleines Hütchen, welches die Sophie den tollen Tag in der Früh kaufte: denn in der Früh nach dem Frühstücke bestellte er Alles bei ihr, dann hate er eine Perücke, die die Leopoldine Nischer (Anm. das spätere Kindermädchen „Nono" der Kinder Franz Josephs) gemacht hat, dann hatte er auf dem Hals einen Rococopatzen von der Mama, das Kleid war von der Sophie, weiß mit blauen Tupfen, das Mieder, das die Mama einmahl trug, war von Silber, dann hatte er ein blaues durchsichtiges Oberkleid, es war auch hübsch … In die Kammer von der Mama kam die Hildegarde, die Marie und der Albert (Anm. weitere Familienmitglieder), die sich dort mascirten, und dann durch den ganzen Salon gingen … die Mama und der Albert waren als Domino mascirt, dann gingen wir zu der Großmama …"[19]

Die Habsburger liebten es also, sich zu verkleiden – und das nicht nur im Fasching. Sophie organisierte leidenschaftlich „Tableaux", bei denen die Familienmitglieder in entsprechenden Kostümen Gemälde und andere bildliche Darstellungen nachbildeten. Eine detaillierte Schilderung dieser Tableaux bietet das Tagebuch Erzherzog Carl Ludwigs, der eine jener Aufführungen anlässlich des Geburtstages seines Vaters Franz Carl im Dezember 1845 festhielt. Schon Tage vorher begannen die Proben, der Zeichenlehrer der Kinder, Herr Gripes, stellte die Kulissen her, ein Großteil der Hofdamen, Obersthofmeister, Kämmerer sowie deren Kinder übernahmen Rollen. Schauspieler aus dem Burgtheater deklamierten aus dem Hintergrund passende Gedichte, Sänger der Hofkapelle gaben mit Klavierbegleitung oder Harmonika Lieder zu den dargestellten Szenen zum Besten: „Abends waren nun diese Tableaux zur Nachfeier des Geburtstags vom Papa. Es waren ziemlich viele Leute da. Es waren 6 Tableaux und 3 Szenen. Das erste Tableau war: ‚Der kleine Leipziger Leibpostillon'. Der kleine Ludwig machte den Postillon, der Maxi und ich machten zwei Handwerksburschen … Bei jedem Tableau wurde hinter der Scene gesungen … das dritte Tableau stellte den Mahler Ostade in einer Wirthsstube vor. Franzi machte den Mahler. Dénes Széchényi (Anm. der Sohn des Obersthofmeisters von Erzherzogin Sophie), der Graf Wurmbrand und der Graf Coronini machten einige Spieler … Das erste Tableau in der zweiten Abtheilung war eine ‚Matrosenszene' nach der Lithographie, die der Franzi gemacht hat. Es waren drei Matrosen, Dénes Széchényi, Franz Falkenhayn und Charli Bombelles (Anm. alle drei Burschen im Alter Franz Josephs) … das vierte Tableau war: ‚Das Eugenslied'. Wir alle drei waren als Husaren zur Zeit des Prinzen Eugen. Der Baumann declamierte während diesem Tableau hinter der Szene … nachdem war eine Bauernszene … Zuletzt war eine Alpenszene, die Bezug auf den Geburtstag von Papa (nahm)."[20]

Sophie förderte aber auch das traditionelle Theaterspielen der kaiserlichen Kinder und ließ ihnen dabei viel Freiraum, wie folgender Brief ihres ältesten Sohnes Franz Joseph an seinen jüngeren Bruder Ferdinand

Max belegt: „... heute aber habe ich angefangen das kleine Theater zusammenzurichten, in welchem ich Karlen vorzuspielen gedenke. Es soll auch dabey ein Brand vorkommen, welcher mit Spiritus gemacht wird, eine Überschwemmung und viel anderem Spectacel ...“[21]

Erzherzogin Sophie, die – völlig zu Unrecht – dank der berühmten „Sissi“-Filme als „böse Schwiegermutter“ in die Geschichte eingegangen ist, war also diejenige bei Hof, die sich um ein fröhliches Familienleben bemühte und ihre Leidenschaft für Maskeraden zum fixen Bestandteil des kaiserlichen Alltags machte.

Erzherzogin Sophie, Gemälde von Joseph Stieler, 1832.

Kaiser Franz Joseph I.:
Uniformen und Zigarren

Kaiser Franz Joseph I. (1830–1916) ist als pflichtbewusster, bescheidener und genügsamer Monarch bekannt. Doch sogar er frönte mehreren Leidenschaften: Neben der traditionellen Jagd spielte eine weitere Passion eine wesentliche Rolle in seinem Leben und war gleichzeitig sein einziges „Laster", das sich Franz Joseph aber nicht nehmen ließ – das Rauchen. Er liebte seine Virginier, eigentlich eine billige, aber aromatische Zigarre der österreichischen Tabakregie, die auch von den Wiener Fiakern geraucht wurde und daher „Kutscherzigarre" genannt wurde. Erst in späteren Jahren musste er auf Anraten der Ärzte auf die leichtere Sorte Regalia Media umsteigen. Nur zu seinem Geburtstag gönnte er sich bis zum Tod noch eine Virginier, die er dann mit größtem Genuss rauchte. Da er faktisch den ganzen Tag rauchte, verwendete der Kaiser die für ihn typische lange Zigarrenspitze, damit ihn der Rauch nicht so störte.

Seine Vorliebe für die Virginier war bald bekannt und so mutierte ihr Name rasch von „Kutscherzigarre" zur „Kaiserlichen", wie folgende Anekdote belegt: Ausgerechnet das erste private Treffen Franz Josephs mit seiner langjährigen Freundin und Vertrauten Katharina Schratt, das in ihrer Sommerresidenz am Wolfgangsee stattfand, stand unter keinem guten Stern. Die Schauspielerin war erst in der Nacht in der von ihr angemieteten Villa angekommen, hatte nicht ausgepackt, nichts eingekauft, nichts vorbereitet und prompt hatte sich der sehnsüchtige Kaiser für diesen Morgen zu einem Besuch angesagt. „Meine Bestürzung erreichte den Höhepunkt", erzählte Katharina Schratt später, „als mir einfiel, daß ich nur Regiezigarren zu Hause habe; ich wußte doch, wie gerne Seine

Zigarren mit Zigarrenspitz Kaiser Franz Josephs. Landessammlungen
Niederösterreich, Foto: Kaiserhausauktion Palais Dorotheum Wien.

Majestät eine gute Zigarre raucht. Das ist aber nicht richtig, was man mir später dann nachgesagt hat, ich hätte damals ausgerufen ,Jessas, und jetzt hab' ich nix anderes als eine schlechte Kaiserliche im Haus!'"[22]

Wie intensiv der Zigarrengenuss des Herrschers war, geht aus den Memoiren seines Kammerdieners Eugen Ketterl hervor, der eine Zugfahrt wie folgt schilderte: „... saß aber der Kaiser mit dem Grafen Paar allein im Coupé, so beschränkte sich die Unterhaltung beider auf das Entwickeln ungeheurer Rauchwolken, so daß manchmal durch den dicken Tabakqualm kaum mehr Kaiser und Generaladjutant zu unterscheiden waren."[23]

Die unvermeidliche Folge des starken Tabakkonsums war ein chronischer starker Husten, den Franz Joseph mit Codein, das er aus der Hofapotheke geliefert bekam, zu lindern versuchte. Das Opiat wirkte stark hustenreizstillend, dennoch blieb der Husten ein chronisches Leiden des Kaisers.

Uniformen

Seit seiner Kindheit hatte Franz Joseph aber noch eine weitere Leidenschaft: Uniformen. Kaum jemals versäumte er das Spektakel der Wachablöse im Inneren Burghof, wenn die neue Wache mit Pauken und Trompeten einmarschierte. Im Alter von 18 Monaten unterschied er schon zwischen den „Offizi" (Offiziere) und den „Dada"[24] (Soldaten) und seine größte Freude war es, den Soldaten beim Exerzieren zuzusehen. Seine Mutter Erzherzogin Sophie ließ ihm eine kleine Uniform schneidern und schenkte ihm ein kleines Holzgewehr, mit dem er zum Entzücken der Hofgesellschaft ständig präsentierte. Begeistert schrieb sie in einem Brief an ihre Mutter: „Du würdest nicht glauben wie hübsch er das zu machen versteht. Er ist zum Fressen mit seinem kleinen Gewehr, seiner Grenadiermütze auf dem Kopf, seinem Säbel an der Seite und dem kleinen Tornister auf dem Rücken. Als ich letzthin nach Hause kam, stand er vor meiner Türe, um mir beim Eintreten das Gewehr zu präsentieren.“[25] Besondere Freude machte es ihm, zum Trommelschlag seiner Aja (Erzieherin) mit Vater und Großvater Gleichschritt zu üben, wobei er „Halt"- und „Mars(ch)"-Befehle erteilte. Mit drei Jahren beherrschte er alle Distinktionen der Armee und die Farben der einzelnen Regimenter.

Ab dem Tag seiner Thronbesteigung 1848 trug Franz Joseph, um sein soldatisches Selbstverständnis zu demonstrieren, nur noch Uniform. Während die in Wien üblichen österreichischen und in Budapest ungarischen Uniformen jedoch so lange wie möglich verwendet und immer wieder ausgebessert wurden, ehe ein neues Stück angeschafft wurde, nahmen die ausländischen Uniformen nicht nur den Großteil seiner Garderobe ein, sondern waren auch die prächtigsten. Grund dafür waren Franz Josephs Schwäche für Uniformen und der Umstand, dass er ausländische Besucher stets in ihrer Paradeuniform empfing. Daher brachten ihm seine Gäste gerne die entsprechenden prachtvollen Gala-Ausführungen als Geschenk mit. Hinzu kam, dass es Tradition unter befreundeten Ländern war, den jeweiligen Monarchen hohe militärische Ränge einzuräumen und im Zuge der Ernennung natürlich auch die entsprechende Uniform samt Ordenszeichen zu überbringen. Die Uniformen wurden akribisch protokolliert und in der eigens errichteten „Ausländischen Uniform-Garderobe" – einem großen Saal der Hofburg, der zur Gänze mit riesigen Kästen bestückt war – aufbewahrt. Der Kammerdiener des Kaisers, Eugen Ketterl, legte nicht nur eigene Inventare an, um die Übersicht zu behalten, sondern hatte auch ein eigenes Notizbuch, in dem er bis ins kleinste Detail die exakte Adjustierung festhielt. Jedes Element, von der Uniform über die korrekten Schulterstücke bis hin zu den richtigen Kopfbedeckungen, war notiert. Darüber hinaus wurde exakt aufgelistet, in welcher Reihenfolge die einzelnen Teile der Uniform anzulegen waren. Denn so gleichgültig Franz Joseph modischen Belangen gegenüberstand, so genau war er bei seinen Uniformen und konnte ernsthaft verärgert sein, wenn auch nur das kleinste Teil nicht passte oder vergessen wurde.

Ketterl war daher auch geradezu erschrocken, als er bei Dienstantritt zum ersten Mal den Kleiderschrank des Kaisers öffnete und feststellte, wie bescheiden dessen Garderobe war: „Wer sich etwa vorstellen sollte, daß der reiche, mächtige Kaiser von Österreich Wäsche und Schuhe sonder Zahl und in exquisiter Ausführung sein eigen nannte, irrt gewaltig. Insbesondere die Garderobe des ‚Grafen von Hohenembs' – diesen Namen führte der Kaiser, wenn er inkognito reiste – war mehr als dürftig; außer dem Jagdkostüm, einem schon bedenklich unmodernen Frack und einem Salonrock, der auch schon halb der Geschichte angehörte, gab es kaum zwei brauchbare Sakkoanzüge. Ich zerbrach mir lange den Kopf darüber, wieso es komme, dass die Garderobe so klein und die Anzahl der Hoflieferanten so groß sei. Die alte Erfahrung, daß Offiziere die mit der peinlichsten Sorgfalt auf ihre Uniform sahen, sich im Zivil salopp trugen und auf das Primitivste nicht acht hatten, wurde auch beim Kaiser bestätigt. Er, der ganz genau wußte, welche Kappe oder welcher Helm zu jeder seiner unzähligen Uniformen passe, trug keinerlei Bedenken, zu einem grünen Sakko eine blaue Kravatte zu tragen. Dies geschah aber nicht etwa aus Zerstreutheit, sondern aus gänzlichem Mangel an Interesse für die Zivilkleidung.“[26]

Während sich Letztere also auf einige wenige altmodische Stücke beschränkte, da Franz Joseph nur auf Privatreisen ins Ausland Zivil trug – was so gut wie nie vorkam –, war die ausländische Uniformgarderobe umso beeindruckender. So schilderte Ketterl: „Eine verschwenderische Pracht wies aber die ausländische Uniformgarderobe des Kaisers auf, und die wunderbarsten Stoffe mit den reichsten Verzierungen in Gold und Silber blendeten den Beschauer.“[27]

Bei seiner ersten Bestandsaufnahme der ausländischen Uniformen stellte der Leibkammerdiener jedoch fest, dass sich unter den unzähligen dem Kaiser gewidmeten Ordenszeichen in „Brillanten“ vielfach falsche Edelsteine befanden. Ketterl vermutete, „daß die hohen Spender nichts davon wußten und deren Lieferanten mit der Diskretion des Kaisers von Österreich rechneten“.[28]

Die Instandhaltung der Garderobe zählte auch zu den Hauptaufgaben des Leibkammerdieners. Dazu gehörte die ständige Kontrolle über die zahllosen Uniformen des Kaisers und das Zusammenstellen und Zurechtlegen der jeweiligen Montur, die Ketterl nur mithilfe seiner Notizen bewerkstelligen konnte. Dennoch hatte er dabei jedes Mal Angst, dass sich wieder einmal eine Adjustierungsvorschrift geändert hatte, von der er nichts wusste.

Inventar der Militärgarderobe Kaiser Franz Josephs. Inventarbuch des Leibkammerdieners Eugen Ketterl. Landessammlungen Niederösterreich, Foto: Kaiserhausauktion Palais Dorotheum Wien.

Ein Adjustierungsfehler galt demnach für Franz Joseph als größter Fauxpas und zeigt sinnbildlich die große Schwäche des Kaisers: Er beschäftigte sich tagein, tagaus mit Akten und Nichtigkeiten, profitierte von der Loyalität seiner Untertanen, konzentrierte sich auf das Verwalten des Vielvölkerstaates und übersah dabei die wesentlichen Themen und Probleme der österreichisch-ungarischen Monarchie. Er hatte gelernt und sich daran gewöhnt, den Vorschlägen seiner reaktionären Berater zu folgen und damit den Blick fürs Wesentliche verloren – eine Kombination, die nicht nur gefährlich für sein Reich war, sondern schließlich auch zu dessen Untergang führen sollte.

Eugen Ketterl in der Uniformgarderobe des Kaisers, Zeichnung von Eduard Zasche.

Uniformmantel Kaiser Franz Josephs, Foto Kaiserhausauktion Dorotheum Wien.

Kaiserin Elisabeth:
Bergsteigen und Schönheitskult

Kaiserin Elisabeth (1837–1898) ist als Exzentrikerin wohlbekannt. Doch einige ihrer Leidenschaften verbarg sie nicht nur vor der Öffentlichkeit, sondern auch vor ihrem engsten Umfeld. So entstanden zahlreiche Klischees und Legenden, die bis heute den „Mythos Sisi" lebendig erhalten. Doch was waren ihre heimlichen Leidenschaften?

Kaiserliche Schönheitsgeheimnisse

An erster Stelle stand zeit ihres Lebens ein Thema: die Pflege ihrer Schönheit, die ihr so viel Macht verlieh und ihr ein unabhängiges, freies Leben ermöglicht hatte. Elisabeth verbrachte daher viel Zeit damit, ihre viel bewunderte Schönheit zu erhalten. Kosmetik spielte dabei eine wichtige Rolle. Die Kaiserin hatte jedoch kein Geheimrezept, auf das sie schwor, sondern probierte immer wieder etwas Neues aus und experimentierte auch gern mit damals ungewöhnlichen Mitteln. Die Pflegeprodukte wurden entweder in der Hofapotheke oder von einer Kammerfrau direkt in ihrem Appartement frisch zubereitet. Während Elisabeth im Winter eher einfache, möglichst geruchlose Toilette-Cremes wie die bei vielen Damen des Hofes geschätzte Crème Céléste verwendete, die aus weißem Wachs, Walrat, süßem Mandelöl und Glycerin bestand, war Schönheitspflege im Sommer wesentlich aufwendiger. So wurden die Pflegeprodukte in regelmäßigen Abständen – zumeist alle zwei Wochen – per Telegramm in der Hofapotheke in Wien bestellt und frisch an ihren jeweiligen Aufenthaltsort geliefert.

Vor allem während der Aufenthalte in Ischl spielten die Kosmetika zur Erhaltung ihrer Schönheit eine eminente Rolle, da sich Elisabeth im Unterschied zu den meisten Aristokratinnen ihrer Zeit viel im Freien aufhielt, was damals als geradezu fahrlässig angesehen wurde. Das geltende Schönheitsideal sah blasse Haut und „Porzellanteint" vor, schon einmal gebräunte Haut galt als irreparabel und entstellend und musste unbedingt vermieden werden. Daher trafen Adelige strengste Vorkehrungen, gingen niemals ohne Sonnenschirm und Fächer ins Freie, im Sommer war das Gesicht oft zusätzlich durch Schleier geschützt. Als normale Tagescreme schätzte Elisabeth die Cold Creme aus weißem Wachs, Walrat, Mandel- oder Sesamöl sowie Rosenwasser. Ihren Namen verdankt sie dem erfrischend-kühlenden Effekt, den sie durch den wässrigen Anteil auf der Haut hatte. Da Elisabeth lange Wanderungen und vor allem Bergtouren unternahm, war sie verstärkt der Sonne ausgesetzt, weshalb sie zusätzliche Vorkehrungen treffen musste. Wohl auf ihren Wunsch hin entwickelte daher die Hofapotheke die erste bekannte Sonnencreme auf mineralischer Basis – die „Neue Wilsoni Salbe", eine mit Zink und Talk versetzte Cold Creme, die das Sonnenlicht leicht reflektierte, somit die Haut schützte und auch abdeckend wirkte. Gleichzeitig hatte die weißliche Creme den Vorteil, eventuell unerwünscht gebräunte Haut blasser erscheinen zu lassen. Dennoch konnte es – vor allem im Gebirge – trotz aller „Sicherheitsvorkehrungen" passieren, dass die Kaiserin einen Sonnenbrand bekam. Dieser wurde sofort mit „Goulardi Wasser gegen aufgebrannte Haut" behandelt. Mit diesem aus Bleiessig und 70 Prozent Alkohol bestehenden Wasser machte man Umschläge, welche die Rötung der verbrannten Haut minderten. Das Rezeptbuch der Hofapotheke enthält dazu anlässlich eines Ischl-Aufenthaltes 1887 den entsetzten Vermerk des Apothekers, der diese Wasser auf „mündliches Verlangen" der Kaiserin anfertigte: „!nach Bergparthie!"[29]

Um die Haut frisch, glatt und auch straff zu erhalten, versprach sich Elisabeth dem Trend der Zeit entsprechend viel von Waschlotionen und „Toiletteessigen". Die Kaiserin liebte vor allem Rosen-, Lavendel- und

Veilchen-Gesichtswasser, die die Haut klären und pflegen sollten. Zur Regeneration der Haut machte Elisabeth gerne Masken mit zerdrückten frischen Erdbeeren. Durch den hohen Vitamin-C-Gehalt der Früchte wirkte die Maske erfrischend, belebend und leicht straffend – eine Wirkung, auf der auch heutige Fruchtsäureprodukte basieren. Ein weiteres ausgefallenes Schönheitsgeheimnis Elisabeths waren mit rohem Kalbfleisch ausgelegte Gesichtsmasken aus Leder, die sie über Nacht trug. Da rohes Kalbfleisch tatsächlich als Radikalfänger wirkt und somit auch zur Straffung und Verjüngung der Haut beiträgt, waren jene ausgefallenen Methoden durchaus modern und die Kaiserin ihrer Zeit definitiv voraus.

Ebenfalls wegweisend – wenn auch heute als bedenklich eingestuft – war ihr mit Aluminium versetztes Körperpuder, das schweißhemmend wirkte und als Deodorant eingesetzt wurde. Viel Zeit widmete Elisabeth auch der Körperpflege. Die Kaiserin badete täglich – meist frühmorgens, nach Ausritten und Wanderungen nahm sie gerne warme Olivenölbäder, die die Haut zart und geschmeidig halten sollten. Elisabeths Nichte Marie Larisch notierte allerdings in ihrem Tagebuch, dass das Öl einmal fast „kochend" war und ihre Tante nur „mit genauer Not dem furchtbaren Tode so mancher christlicher Märthyrer" entging.[30] Den Rezeptbüchern der Hofapotheke sind auch die Größenordnungen ihrer Badegewohnheiten zu entnehmen. So enthielt ein Meersalz-Bad Elisabeths 450 Liter Wasser, wofür über vier Kilo Meersalz, das mit Kalium und Jod versetzt war, benötigt wurden.[31]

Larisch, die viele Jahre als Begleiterin der Kaiserin fungierte, war die Einzige, die sich kritisch über deren Schönheitskult äußerte und meinte: „Sie betete ihre Schönheit an wie ein Heide seinen Götzen und lag vor ihr auf den Knien. Der Anblick der Vollkommenheit ihres Körpers bereitete ihr einen ästhetischen Genuß; alles was diese Vollkommenheit trübte, war ihr unkünstlerisch und zuwider."[32]

Um als junge, schöne Frau in die Geschichte einzugehen, ließ sich Elisabeth ab Anfang 30 nicht mehr fotografieren, die letzten Gemälde nach Modell entstanden 1879 im Alter von 41 Jahren. Da Elisabeth ihr

Selbstwertgefühl offenbar zum Großteil aus ihrer viel bewunderten Schönheit bezog, hatte sie Angst vor dem Alter und seinen Begleiterscheinungen. Der Verlust von Jugend und Anmut bedeutete für sie auch einen Verlust an Lebensfreude. Je älter sie wurde, desto weniger fühlte sie sich bewundert und klagte ihrer Nichte: „O, wie entsetzlich ist es, alt zu werden! Zu fühlen, wie die Zeit die Hand auf unseren Körper legt, zu beobachten, wie die Haut runzlig wird, am Morgen mit Furcht vor dem Tageslicht zu erwachen und zu wissen, daß man nicht mehr begehrt wird!"[33] Und mit 53 Jahren schrieb Elisabeth: „Es gibt nichts grauslicheres als so nach und nach zur Mumie zu werden und nicht Abschied nehmen zu wollen vom Jungsein. Wenn man dann als geschminkte Larve herumlaufen muß – pfui!"[34]

Mit zunehmendem Alter fühlte sie sich unbedeutend, nutzlos und verfiel in deprimierte Stimmungen. Sie versteckte ihr Gesicht hinter Schirmen und Fächer, die nicht nur die ihrer Meinung nach entschwundene Schönheit verbergen sollten, sondern auch zu einer symbolischen Barriere zwischen ihr und ihrer Umwelt wurden.

Die Bergtouren, Schiffsreisen und Parforcejagden hatten Elisabeth tatsächlich zugesetzt und ihr Gesicht zeigte im Vergleich zu dem anderer Frauen ihres Standes, die sich niemals der Sonne ausgesetzt hatten, starke Sonnenschäden. Als Franz von Clary-Aldringen als Kind mit seiner Schwester beim Bergsteigen der Kaiserin begegnete, verbarg sie – da kein Erwachsener in Sicht war – ihr Gesicht nicht hinter ihrem Fächer: „sie lächelte uns freundlich zu – aber ich war wie aus den Wolken gefallen, denn ich sah in ein mir uralt vorkommendes Gesicht voller Runzeln."[35]

Zur Schönheitspflege der Kaiserin zählte auch die Erhaltung ihrer schlanken Linie, die allerdings gar nicht dem Schönheitsideal der Zeit entsprach, das rundere, üppigere Frauen bevorzugte. Als junge Frau hatte sie sich in ihren Residenzen Turnzimmer einrichten lassen, um für die Teilnahme an den herausfordernden Parforcejagden fit zu sein. Das Training blieb jedoch, auch nachdem sie das Reiten aufgegeben hatte, Teil ihrer täglichen Routine – nun um beweglich und schlank zu bleiben. Bei schönem Wetter turnte sie auch gern im Freien. In Ischl hatte sie dafür im Schlosspark eine kleine Waldlichtung entdeckt, auf der sie sich unbeobachtet und ungestört ertüchtigen konnte. Zusätzlich hatte Elisabeth auf dem Jainzenberg ein Reck errichten lassen, wo sie mit herrlichem Blick auf den Dachstein turnen konnte.

Über ihre Turnübungen in Wien berichtete ihr griechischer Vorleser Constantin Christomanos: „Sie ließ mich heute vor dem Ausfahren nochmals in den Salon rufen. An der offenen Tür zwischen dem Salon und ihrem Boudoir waren Seile, Turn- und Hängeapparate angebracht. Ich traf sie gerade, wie sie sich an den Handringen erhob. Sie trug ein schwarzes Seidenkleid mit langer Schleppe und von herrlichen schwarzen Straußfedern umsäumt. Ich hatte sie noch nie so pompös gekleidet gesehen. Auf den Stricken hängend, machte sie einen phantastischen Eindruck, wie ein Wesen zwischen Schlange und Vogel. Um sich niederzulassen, musste sie über ein niedrig aufgespanntes Seil hinwegspringen. Dieses Seil, sagte sie, ist dazu da, damit ich das Springen nicht verlerne. Mein Vater war ein großer Jäger vor dem Herrn, und er wollte, daß wir wie die Gemsen springen lernen. Dann bat sie mich, die Lektüre aus der Odyssee fortzusetzen. Sie wollte heute später ausfahren, weil sie einige Erzherzoginnen zum Empfang erwartete, weswegen sie auch diese ausnehmend ceremonielle Robe anziehen musste, wie sie mir sagte … Wenn die Erzherzoginnen wüssten, sagte sie, daß ich in diesem Kleid geturnt habe, sie würden erstarren. Aber ich habe dies nur en passant gethan, sonst erledige ich diese Sache immer in der Frühe oder abends …"[36]

In der Öffentlichkeit wusste niemand von den für damalige Verhältnisse nahezu skandalösen Turnübungen der Kaiserin. Die Presse zeigte sich sogar völlig verständnislos und irritiert, dass für den Kronprinzen Rudolf ein Turnzimmer eingerichtet worden war – auf die Idee, dass das Zimmer für Elisabeth war, kam man erst gar nicht. Welche Übungen sie genau auf ihren Turngeräten absolvierte, ist leider nicht bekannt, aber die erhaltenen und überlieferten Turngeräte lassen doch Rückschlüsse zu: So diente die Sprossenwand sicher dem Training der Arm- und Schulter-muskulatur sowie den Bauchmuskeln – Gleiches gilt für das Reck, das in erster Linie für das Training der Armkraft und Körperspannung bestimmt war. Zusätzlich zum Toilette- und Turnzimmer, das man bis heute in den Kaiserappartements der Wiener Hofburg besichtigen kann, hatte die Kaiserin im damals noch existierenden Verbindungstrakt Richtung Kaiserspital in der heutigen Schauflergasse ein zweites Turnzimmer, das sie auch für ihre Fechtstunden nutzte. Hier stand ein Schwebebalken, der ihr für Balanceübungen diente. Zusätzlich konnte der Raum mit Matten ausgelegt werden, wenn die Kaiserin Bodenübungen wie einfache Purzelbäume machen wollte.

Während die junge Elisabeth ganz normal aß, achtete sie im Alter immer mehr darauf, ihre schlanke Linie zu erhalten. Bei einer Körpergröße von 1,72 Zentimetern wog sie zwischen 47 und 50 Kilo. Außergewöhnlich mutet heute ihre Taille von unglaublichen 51 Zentimetern an. Da Frauen damals jedoch von frühester Jugend an geschnürt wurden und täglich Korsett trugen, wodurch sich natürlich auch der Körperbau veränderte, war dies nicht ungewöhnlich. Auffallender war ihre schlanke Silhouette, die sie auch gerne betonte. Mit ausschlaggebend war sicherlich, dass sie über Jahrzehnte hinweg konsequent Sport betrieb. Ins Reich der Legenden muss jedenfalls verwiesen werden, dass Elisabeth ihr Leben lang ständig hungerte, um schlank zu bleiben. Originale Speisezettel belegen, dass Elisabeth sehr wohl einen guten Appetit besaß. Ein gewöhnliches Frühstück bestand aus Kaffee mit kaltem und warmem Obers, süßen und gesalzenen Bäckereien, Eiern, kaltem Fleisch, Honig, Obst und verschiedenem Gebäck. Dazu trank sie ein Glas Wein. Zu Mittag folgten gewöhnlich Braten mit Gemüse und am Nachmittag eine kleine Jause. Rechnungen aus den verschiedensten Konditoreien zeigen, dass Elisabeth gerne Mehlspeisen und vor allem Sorbet aß. Besonders wichtig waren ihr frische Milch und Milchprodukte, weshalb sie sogar eine eigene kleine Meierei im Schönbrunner Schlosspark einrichtete, die die Kaiserin täglich mit frischen Erzeugnissen belieferte.

Zwei Faktoren tragen bis heute dazu bei, dass sich zahlreiche Gerüchte um den Schlankheitswahn der Kaiserin ranken. Zum Ersten versuchte Elisabeth nie, einem gängigen Schönheitsideal nachzueifern. Eine „schöne" Frau war seinerzeit wesentlich üppiger, wie Fotografien damaliger Schönheiten belegen – darunter auch Katharina Schratt, die spätere Gefährtin Franz Josephs, oder Mary Vetsera, die Geliebte des Kronprinzen Rudolf. Zum Zweiten hungerte sie nicht, um einem Schönheitsideal zu entsprechen. Vor allem in den Jahren, als sie die Reiterei wirklich als Hochleistungssport betrieb, aß Elisabeth absolut „normal". Man darf nicht vergessen, dass sie mitunter von elf Uhr vormittags bis gegen halb sechs Uhr abends im Sattel saß und querfeldein ritt. Sie wäre wohl kaum in der Lage gewesen, auch nur eine einzige Parforcejagd konditionell und kreislaufmäßig durchzustehen, wenn sie nichts gegessen hätte. So schrieb ihre Hofdame Marie Festetics der zu Hause gebliebenen Freundin Ida Ferenczy anlässlich eines Reitaufenthaltes in Irland über die Kaiserin: „Die Liebe ist unberufen sehr wohl, sie lässt Ihnen sagen, daß sie jetzt riesigen Appetit hat und derart viel ißt, daß sie wie eine Boa constrictor am Sofa liegt und sich fürchtet ins Bett zu gehen ..."[37]

Obwohl Elisabeth den bekannten Quellen zufolge nicht als anorektisch oder gar bulimisch bezeichnet werden kann, ist mit zunehmendem Alter eine immer intensivere Beschäftigung mit dem Thema Essen und Gewicht festzustellen. So probierte die Kaiserin in ihren letzten Lebensjahren die verschiedensten Diäten aus, um ihr Gewicht zu halten. Dazu gehörten neben generellen Fasttagen auch Tage, an denen sie nur Milch trank bzw. Orangen oder Suppe aß. Unrichtig ist jedoch die Behauptung, Elisabeth hätte sich von rohem Fleischsaft ernährt. Zwar wurde täglich ein roher Kalbsschlögel in die Kammer der Kaiserin geliefert, dieser wurde aber in Stücke geschnitten, mit einer Entenpresse ausgepresst, gewürzt und daraus ein Extrakt abgekocht, den Elisabeth als nahrhaften Trank zu sich nahm, der auch ihren Eisenmangel kompensieren sollte. Eine zunehmend entscheidende Rolle spielte damals die Waage: Elisabeth wog sich täglich, um ihr Gewicht zu kontrollieren, und trug nicht nur ihr

Gewicht, sondern auch ihr sportliches Tagesprogramm in ein „Wage-Journal"[38] genanntes Heft ein. Sie beschäftigte sich demnach zwanghaft mit den Themen Essen, Gewicht und Aussehen. Ihr Verhalten erinnert Medizinern zufolge an „Orthorexia nervosa", eine Essstörung, die sich dadurch auszeichnet, dass Betroffene ein krankhaftes Verlangen danach haben, sich möglichst „gesund" zu ernähren, und sich generell zwanghaft mit dem Essen auseinandersetzen. Im Unterschied zur Anorexie ist die Orthorexie jedoch keine quantitative, sondern eine qualitative Essstö-rung, dennoch bewegen sich Erkrankte durch die stark eingeschränkte Nahrung gewichtsmäßig zumeist im unteren Normbereich.

Selbst Elisabeths Kleidung stand im Dienst der schlanken Silhouette. Sie legte großen Wert darauf, ihre schlanke Linie zu betonen und über-nahm in den 1870er-Jahren sofort die neue Mode der Tournüre anstelle der Krinoline. So konnte sie ihre Figur noch besser in Szene setzen als mit den verhassten voluminösen Reifröcken. Gleichzeitig mussten ihre Kleider aber möglichst viel Bewegungsfreiheit ermöglichen und bequem sein. Vor allem Reitkleider spielten eine wichtige Rolle und Elisabeth verbrachte viele Stunden in ihren Gemächern beim Anprobieren und war nur schwer zufriedenzustellen. Sie ließ sich sogar vor einem großen Spiegel ein gesatteltes Holzpferd aufstellen, auf dem sie die Kleider hin-sichtlich Schnitt und Wurf probierte. Die Reitkleider wurden der Kaise-rin im Übrigen nicht nur auf den Leib geschneidert, sondern sie ließ sich auch in ihre Kleider einnähen, indem eine Kammerfrau nach dem An-kleiden der einzelnen Teile das Oberteil und den Rock zusammennähte, damit nichts verrutschen konnte. Um bei ihren Wanderungen möglichst viel Bewegungsfreiheit zu haben, waren diese Röcke vorne immer kürzer geschnitten als hinten, damit sie besser ausschreiten konnte. Bei längeren Touren querfeldein und im Gebirge trug sie außerdem Röcke, die nach oben geknöpft werden konnten, um besser steigen zu können. Anders als damals üblich trug Elisabeth bei den Wanderungen niemals elegante Hüte, die sie als hinderlich und unpraktisch empfand, sondern nahm immer große, eher plumpe mit weißem Leder gefütterte Sonnenschirme mit, die sowohl unelegant als auch schwer waren. Bei ihren Bergtouren trug sie hingegen Filzhüte und einen Bergstock. Besonders auffallend waren ihre Schuhe, die weder der Mode noch den Usancen ihrer Zeit entsprachen. Elisabeth trug als eine der ersten Frauen anstelle von seidenen Schuhen mit Absatz flache, praktische, eher klobige Lederstiefeletten, mit denen sie jedoch bei jedem Wetter bequem weite Strecken zu Fuß zurücklegen konnte. Im Sommer ging sie auch gerne ohne Strümpfe mit nackten Füßen, was in der Öffentlichkeit sicherlich als skandalös empfunden worden wäre.

Elisabeth war demnach keine Stilikone. Sie orientierte sich weder an der aktuellen Mode, noch war sie modisches Vorbild. Ihre Kleidung sollte ihren Passionen dienen und nicht umgekehrt. Einzig ihre Frisur wurde gerne kopiert – allerdings zumeist unter Heranziehung künstlicher Hilfsmittel wie Haarteile, da nur wenige Frauen über eine vergleichbare Haarpracht verfügten. Als ebenfalls anerkannte Schönheit galt vor allem Eugénie, die Kaiserin der Franzosen, als europäische Konkurrentin Elisabeths. Graf Wilczek erzählte, dass er bei einem Treffen der Kaiserpaare in Salzburg 1867 die beiden Kaiserinnen zufällig beobachtet hätte: „Ich öffnete ganz still die Türe und mußte durch zwei leere Zimmer des Appartements gehen, sogar durch das Schlafzimmer bis zum Toilettenkabinett, dessen Türe halb offen stand. Ihr gegenüber befand sich ein großer Spiegel, und mit dem Rücken gegen die Tür gewendet, hinter welcher ich stand, waren die beiden Kaiserinnen damit beschäftigt, sich mit zwei Zentimetermaßen die schönsten Wadenbeine, die damals wohl in ganz Europa zu finden waren, abzumessen. Der Anblick war unbeschreiblich und ich werde ihn mein Leben nicht vergessen.“[39]

Schönheiten-Album

Wie die meisten Legenden, die die Kaiserin umranken, hält auch die immer wieder geäußerte Vermutung, Elisabeth hätte sich zu Frauen hingezogen gefühlt, einer näheren Betrachtung nicht stand. Dass sich Elisabeth gern mit jungen, schönen Frauen umgab, erklärt sich allein aus der Tatsache, dass sie als Kaiserin allein der Etikette folgend nur von Hofdamen und nicht von jungen Männern umgeben sein durfte. Dass sie, die auf Ästhetik und Schönheit großen Wert legte, sich gerne mit schönen Frauen umgab, ohne dass dahinter erotische Beweggründe standen, ist auch nachvollziehbar. Dass ihre Hofdamen gleichaltrig bzw. in späteren Jahren ihre Reisebegleiterinnen jünger waren, lag allein daran, dass die bewegungsfreudige Kaiserin agile, körperlich belastbare Begleiterinnen benötigte, die mit ihr konditionell mithalten konnten. Auch ihr „Schönheiten-Album", das sie anlegte und in dem sie Fotografien von in ihren Augen schönen Frauen sammelte – Hofdamen, europäische Fürstinnen, aber auch Damen aus der „Halbwelt", wie Tänzerinnen und Zirkusartistinnen –, hatte keine homoerotischen Hintergründe. Elisabeths Schönheitskult betraf nicht nur sie selbst, sondern sie war ganz allgemein von Schönheit fasziniert. Ein Blick in dieses Album zeigt jedoch, dass Elisabeth mehr von Ausstrahlung und natürlichen oder außergewöhnlichen Gesichtern fasziniert war und nicht von Schönheit im klassischen Sinn – und vor allem unabhängig von Stand oder sozialer Herkunft. Elisabeth sammelte die Fotografien nicht nur selbst, sondern bat auch ihr gesamtes Umfeld, sowohl ihre Familie als auch Gesandte und Diplomaten, ihr von Reisen Fotografien schöner bzw. außergewöhnlicher Frauen mitzubringen. So entstand im Laufe der Jahre eine Sammlung von 18 Fotoalben mit insgesamt rund 2000 Fotografien, die heute im Museum Ludwig in Köln aufbewahrt werden.

Aus einem Brief an Erzherzog Ludwig Victor geht auch eindeutig hervor, dass Elisabeth im Zuge ihrer Reise nach Madeira und Korfu 1862 anfing, Fotografien zu sammeln. So schrieb sie: „Ich lege mir nämlich ein Schönheiten-Album an, und sammele nun Photographien nur weibliche dazu. Was Du für hübsche Gesichter auftreiben kannst beim Angerer (Anm. dem Hoffotografen) und anderen Photographen, bitte ich Dich mir zu schicken."[40] Der Beginn ihrer Fotosammlung fällt also genau in jene Zeit, als Elisabeth die Macht ihrer Schönheit entdeckte und „Schönheit" ein zentrales Thema in ihrem Leben zu werden begann. Interessant ist dabei, dass sie nicht dem damals gängigen Schönheitsideal nachzueifern trachtete, sondern ihre ganz eigene Vorstellung von Schönheit entwickelte, die sich auch in ihrem „Schönheiten-Album" widerspiegelt.

Fotografie aus dem „Schönheiten-Album" der Kaiserin Elisabeth. Museum Ludwig, Köln.

Neben Ludwig Victor wurden auch alle Gesandten der österreichischen Botschaften im Ausland angewiesen, Fotografien von Frauen, die in ihrem Land als schön galten, zu sammeln und nach Wien zu schicken. So bietet das Fotoalbum ein bemerkenswertes Sammelsurium unterschiedlichster Frauen, da es damals noch kein internationales Schönheitsideal gab, sondern je nach Region und Kultur andere Maßstäbe galten. Neben Adeligen, die als schöne Frauen ihres Landes gepriesen wurden, finden sich durchaus auch „pikante" Schönheiten und vor allem nicht nur junge, sondern Frauen jedes Alters und unterschiedlicher Herkunft. Auffallend ist dabei die Vielzahl an Fotografien von Schauspielerinnen, Tänzerinnen, Zirkusartistinnen und Varietékünstlerinnen, die damals als „Demimonde", also Halbweltdamen galten und beinahe mit Prostituierten gleichgesetzt waren. Die Fotografien dieser Frauen sind im Album einer Kaiserin doch überraschend und belegen Elisabeths Interesse für eine ihr fremde, ferne Welt. Denn die Kaiserin hatte und suchte auch keinen Kontakt zu diesen Frauen, sondern war einfach von der leicht anrüchigen Halbwelt fasziniert. Elisabeths „Schönheiten-Album" spiegelt also nicht nur ihre Leidenschaft für Schönheit generell, sondern auch für alles „Außergewöhnliche" wider.

Hochalpine Bergtouren

Nachdem Elisabeth ihre große Leidenschaft, die Reiterei, Mitte der 1880er-Jahre aufgegeben hatte, begann sie ihren Bewegungsdrang mit ausgedehnten Wanderungen und Bergtouren zu kompensieren. Spazierengehen und Wandern gehörten zum beliebten Freizeitvergnügen fürstlicher Damen im 19. Jahrhundert. Sowohl die Habsburger als auch die Wittelsbacher waren traditionell begeisterte und begabte Bergsteiger und eine starke Naturverbundenheit charakteristisch für beide Familien. Schon Franz Joseph war seit seiner Kindheit halbe Tage zu Fuß durch den Wienerwald und die Praterauen spaziert und machte bis zu seinem Tod einen mindestens einstündigen Spaziergang am Tag. Auch Elisabeth hatte seit ihrer Kindheit viel Zeit im Freien verbracht und von ihrem

Vater nicht nur die Liebe zur Natur, sondern auch zum Bergsteigen geerbt. Durch die Reiterei besaß sie außerdem eine außergewöhnlich gute Kondition und war auch intensive Fußmärsche gewohnt. Ihrem griechischen Vorleser Constantin Christomanos, der über die Ausdauer der Kaiserin bei den gemeinsamen Spaziergängen überrascht war, erklärte sie: „Ich werde auch niemals müde ... wir haben, meine Schwestern und ich, dies unserem Vater zu verdanken. ‚Man muß auch gehen lernen‘, sagte er uns immer, und hielt uns einen berühmten Lehrmeister dafür." Dieser Lehrer brachte den Mädchen bei, wie „Schmetterlinge" zu gehen, und ermahnte sie, sich „so wenig wie möglich über die Erde (zu) schleifen ... ‚Aber wir gehen nicht, wie Königinnen gehen sollten. Die Bourbonen, die fast nie zu Fuß ausgegangen sind, haben eine Gangart bekommen – wie stolze Gänse. Sie gehen wie wahre Könige.‘"[41] Doch im Laufe der Jahre entwickelten sich die Wanderungen zu wahren „Gewaltstouren" und Elisabeth entdeckte auch die Faszination von hochalpinen und vor allem anspruchsvollen Bergwanderungen, die mitunter gar nicht ungefährlich waren.

Charakteristisch für die Kaiserin war, dass sie ständig in Bewegung war – sogar beim „Plaudern" mit ihren Töchtern: „Nach Tisch ... kam Mama in mein Zimmer herüber, wo wir nach alter Wiener Gewohnheit lange auf und ab gingen ..."[42] Von dieser doch außergewöhnlichen Angewohnheit berichtete sogar Kronprinzessin Stephanie in ihren Memoiren: „In Ischl hatten wir die seltene Gelegenheit die Kaiserin zu sehen, die jeden Sommer einige Wochen dort weilte ... An klaren Tagen unternahm ich weite Fußtouren mit der Kaiserin, die von früh bis abends dauerten und höchst beschwerlich und ermüdend waren. Die Kaiserin war eine hervorragende Fußgängerin; nur wenige konnten mit ihr Schritt halten. Niemals nahm sie unterwegs eine Mahlzeit, höchstens trank sie einmal etwas Milch oder den Saft einer Orange. Sie rastete nie. Es war überhaupt die Gewohnheit der Kaiserin, sich so selten wie möglich niederzusetzen. In ihren Gemächern befanden sich kaum Sessel; sie brauchte sie nicht, sie ging unablässig auf und ab. Ihre Hofdamen waren oft vor Erschöpfung dem Zusammenbrechen nahe."[43]

Elisabeths Vorliebe für stundenlange Märsche querfeldein und vor allem in hohem Tempo stellte den Wiener Hof – vor allem aber die Hofdamen, die sie begleiten mussten – vor eine große körperliche Herausforderung. Die meisten Hofdamen waren gewohnt, im Salon sitzend Konversation zu machen und vielleicht eine Runde im Schlosspark zu drehen. Echte Wanderungen wurden für sie schwierig. Denn schon die Wiener Spaziergänge gingen von Neuwaldegg aus auf die Sophienalpe, von da nach Hainbach, Weidlingau und Gablitz (ca. 20 Kilometer) – vier Stunden im „Renntempo". Oder vom Lainzer Tor zum Jauner über Weidlingau und dann über den Schafberg nach Neuwaldegg, Dornbach, Hameau, Weidling am Bach, nach Sievering (ca. 30 Kilometer). Oder von Preßbaum, auf den Pfalzberg bis nach Hochstraß, dann bei der hinteren Pfalzau über den Sattelberg zurück nach Preßbaum in knapp sechs Stunden durch den hügeligen Wienerwald.[44] Diese Touren stellten aber nicht nur die Hofdamen, sondern auch das diensthabende Wachpersonal vor größere Probleme „Oft werden die Promenaden bis zu sechs Stunden ausgedehnt … es für die Polizei nicht leicht ist, für die Sicherheit … einzustehen, da kein Mensch im voraus weiß, wo diese Spaziergänge hinführen, weil Elisabeth meist ohne jeden Plan drauflosmarschiert."[45]

Die einzigen Hofdamen, die bei ihren Spaziergängen mithalten konnten, waren anfangs Marie Festetics und Karoline Fürstenberg. Doch vor allem Karoline Fürstenberg sollte bald an ihre Grenzen stoßen und der kaiserliche Leibarzt Dr. Widerhofer sah sich schließlich gezwungen, einzuschreiten und zu erklären, die Landgräfin Fürstenberg könne ohne ernste Gefahr für ihre Gesundheit die Touren nicht mehr mitmachen. Aber auch der Gräfin Festetics wurde es bald zu viel: „Ich bin totgegangen"[46], notierte sie 1882 in ihrem Tagebuch und 1883: „Heute bin ich müde – es wollte gar kein Ende nehmen – und 6 Stunden ist viel … aber sie kann doch nicht alleine gehen so bleibt nichts anderes über als seinen festen Willen … abzwingen."[47] Als in Wien das Gerücht für Entsetzen sorgte, die Kaiserin wäre in Paris mit dem Omnibus (!) gefahren, meinte Festetics dazu nur lapidar: „Wenn sie das nur täte, wir gehen aber immerfort zu Fuß."[48] Dass das Tempo der Kaiserin durchaus auch missverstanden wurde, zeigte eine Begebenheit im Prater, als ein dort stationierter Polizist zwei vornehme Damen so rasch gehen oder vielmehr laufen sah, sodass er überzeugt war, sie würden von einem Taschendieb oder Räuber verfolgt, und ihnen zu Hilfe eilte. Erst bei genauerem Hinsehen erkannte er die Kaiserin und ihre Hofdame.[49]

Im Salzkammergut wurden die Spaziergänge zu wahren Gewaltmärschen – noch dazu in unwegsamem Gelände. Da Elisabeth einsah, dass sie die Touren ihren Hofdamen, die sie begleiten mussten, nicht zumuten konnte, traf sie entsprechende Vorkehrungen. Bei kürzeren Wanderungen, die „nur" bis zu sieben Stunden dauerten, wurden Tragsessel mitgenommen oder ein Wagen folgte der Gesellschaft, der die Erschöpften auflesen konnte. Da sich Elisabeth dadurch jedoch in ihrer Bewegungsfreiheit eingeschränkt fühlte, wurde 1883 schließlich Sarolta Majláth engagiert, die eine gute Kondition besaß und mit der Kaiserin mithalten konnte. Eine ihrer ersten Wanderungen war gleich eine harte Probe, ging sie doch zu den Langbathseen und zum Wolfgangsee und dauerte beinahe neun Stunden.

Auch der Dienst des Vorlesers war kein einfacher, da die Kaiserin auf den stundenlangen Wanderungen die ganze Zeit unterhalten werden wollte. Bei einfachen Touren wurde ihr vorgelesen, bei schwierigeren mussten ihr die Vorleser erzählen oder mit ihr plaudern. Als bei einem Aufenthalt in Ischl keinen Vorleser anwesend war, bot Irma Sztáray an, diese Aufgabe zu übernehmen, doch Elisabeth – die sehr wohl wusste, wie anstrengend der Dienst war – lehnte ab: „Sie gibt es durchaus nicht zu, daß ich ihr während der Spaziergänge vorlese, obgleich ich weiß, daß sie es schwer entbehrt, weil es eine ihrer Hauptunterhaltungen ist: ‚Das ist ein schwerer Dienst und paßt nicht für Sie.'"[50]

Die meisten Vorleser quittierten ihren Dienst nach ein bis zwei Saisonen – manche gaben auch gleich auf – wie Constantin Christomanos' Bruder Anton, der eigentlich ursprünglich als Vorleser engagiert worden war. Constantin beschrieb die Reaktion seines Bruders auf den ersten

Spaziergang mit der Kaiserin folgendermaßen: „Als er zurückkam, las ich ihm etwas intensiv Empfundenes, gleichsam mühsam Ertragenes vom Gesichte ab. Sein Mund war verzogen zu einem blassen Lächeln, das mehr einem Weinen glich, wie es bei ihm immer der Fall ist, wenn etwas unerhörtes passirt; eine unerwartete Nachricht, irgendein großes Unglück oder sogar ein Todesfall bringt immer ein solches Lächeln auf seine Lippen ...“[51] Nach dem zweiten Dienst war es dann endgültig vorbei: „Zu Mittag begann es stark zu regnen. Er kam ganz erschöpft zurück, mit nassen Kleidern. Er erzählte, dass der Regen sie sehr weit vom Schlosse überrascht habe. Er hatte keinen Schirm bei sich. Sie hatte ihren Spaziergang fortgesetzt unter den großen Bäumen des Wildparkes; bei der Rückkehr in das Schloss war er ganz durchnässt.“[52] Der Dienst erforderte also abgesehen von Bildung und Kondition auch eine gewisse körperliche Härte. Constantin Christomanos, der klein und verwachsen war, zeigte sich zunächst von der dringenden Bitte seines Bruders, ihn zu ersetzen, entsetzt, da er überzeugt davon war, dass die Kaiserin einen konditionsstarken Vorleser suche: „sie denkt dabei gewiss an einen olympischen Läufer.“[53] Doch er sollte sogar drei Jahre – bis 1894 – im Dienst der Kaiserin bleiben.

Einfachere Wanderungen unternahm Elisabeth oft mit ihrer Tochter Marie Valerie, beliebte Ausflugsziele gingen nach Hallstatt, auf der Soleleitung nach Lauffen, nach St. Wolfgang, zu den Langbathseen westlich von Ebensee am Fuße des Höllengebirges oder zum Offensee an den Flanken des Toten Gebirges, wo die Familie auch Jagdhäuser besaß. Vor allem Franz Joseph hatte zum Höllengebirge eine enge Beziehung, befand sich hier doch das (gepachtete) Hofjagdrevier, das sich von Goisern traunabwärts auf beiden Seiten des Flusses links über das Höllengebirge zum Attersee und rechts bis über den Traunstein hinaus erstreckte. Elisabeth konnte der Jagd nichts abgewinnen, doch sie liebte die unberührte Natur. Da für das gesamte Hofjagdgebiet strengstes Betretungsverbot galt, konnte sie sich hier völlig ungestört bewegen. Marie Valerie ging zwar gerne Wandern und auch Bergsteigen – Touren bei anhaltendem Regen, Schneefall oder solche, die um drei Uhr früh starteten, vermied sie lieber. Da Elisabeth stets große Angst um ihre Tochter hatte und ihr sogar generell das Reiten verboten hatte, wollte sie sie bei schwierigeren Partien auch gar nicht dabei haben und verleidete Valerie mit ihrer ständigen Sorge auch so manch harmlose Wanderung. So schrieb die Erzherzogin im Juni 1887 in ihrem Tagebuch: „Eine ungemütliche Partie … Gamsfeldbesteigung … Mama zittert bei jeder Blume, die ich pflücke vor Angst, dass ich abstürze."[54] Aber auch dass die Witterung für ihre Mutter völlig unerheblich war, konnte sie nicht nachvollziehen und notierte im Mai 1887: „Da es nach Tisch noch ärger schneite … ungemütlich herumzuwaten … Mama stieg unbekümmert auf den Jainzen …"[55] Selbst die lokalen Berichterstatter stellten mit Erstaunen fest, dass die Kaiserin in Gastein „trotz Regens um 6 Uhr früh einen Spaziergang über die Pyrkerhöhe auf dem Kötschachweg zur ‚Schwarzen Liesl' und von dort auf der Kaiserpromenade zurück" unternommen hätte und schlechte Witterung „durchaus kein Hinderniß zur Unterbrechung der täglichen Spaziergänge" sei.[56]

Ihre Gäste in Ischl waren nach Kräften bemüht, der „Ehre", sie auf einem Spaziergang begleiten zu dürfen, auszuweichen. Der 80-jährige Kaiser Wilhelm I., der zu Elisabeths glühendsten Bewunderern zählte, entschuldigte sich bei einem solchen Anlass am 9. August 1882 wegen „zu fortgeschrittener Jugend"[57] und fragte auch Marie Valerie besorgt, ob sie denn ihre „Frau Mama auf ihre Jewaltstouren bejleite?"[58]

Noch größere Begeisterung als für Spaziergänge zeigte die Kaiserin jedoch für Bergtouren auf die Gipfel rund um Ischl. Eine ihrer Lieblingstouren sollte die Besteigung des Losers werden. Elisabeth war am 25. August 1884 zu Fuß durch den Fludergraben aus Ischl nach Altaussee gewandert und zum ersten Mal auf dem Loser gestanden. Sie übernachtete in der zwei Jahre zuvor erbauten Loserhütte – die kaiserliche Eintragung ins Hüttenbuch wurde später gerahmt und hing jahrzehntelang in der Stube, bis sie gestohlen wurde. Eine Wiederholung der Loser-Tour, ein Jahr später am 19. Juli 1885, scheiterte vorerst an Schlechtwetter. Doch Elisabeth kam am 4. September wieder – diesmal mit ihrer Schwester Sophie und deren Familie sowie Marie Valerie. Der Fremdenführer Alois Grieshofer vulgo Stübler Lois aus Lerchenreith führte die Gruppe zunächst wieder zur Loserhütte. Danach erfreute sich die Gesellschaft an den „Almraunkerln" (steirischem Schmalzgebäck) der Sennerin der Augstalm, Justine Haim. Zuletzt bestieg die Runde den Losergipfel und war abends wieder in Aussee, wo sie im „Hotel Hackl" übernachtete.

Ein Jahr später, am 30. September 1886 unternahm die Kaiserin die Drei-Seen-Fahrt über Grundlsee, Toplitzsee und Kammersee und kehrte dann im Gasthaus des Grundlseer Fremdenverkehrspioniers Albin Schraml ein, der auch das erste Dampfschifffahrtsunternehmen gegründet hatte. Die Nacht verbrachte sie im „Seehotel" der Familie Frischmuth in Altaussee, die sich für den Besuch des hohen Gastes – so berichtet der Chronist – extra Rosshaarmatratzen anschaffte.[59] Bis dahin hatten sich selbst die Angehörigen höchster Kreise mit Strohsäcken begnügen müssen. Tags darauf bestieg die Kaiserin zum dritten Mal den Loser, der nun auch in einem Gedicht verewigt wurde:

O fraget nicht nach morgen,
Das Heut' ist so schön!
Verstreut ins Thal die Sorgen,
Lasst sie vom Wind verweh'n!

Was eure Herzen möchten,
Vertraut's dem Loser an;
In lauschig stillen Nächten
Verrät dem Mond er's dann.

1887 kam die Kaiserin gleich dreimal nach Aussee: am 23. Juni das erste Mal – zu Fuß über den Koppen, wo sie auf eine Kaffeejause beim Bahnhofswirt einkehrte. Zwei Tage später führte der Stübler Lois Elisabeth und Marie Valerie auf die Pfeifer- und die Brandalm, deren Alpenrosenpracht die Damen begeisterte. Beim dritten Mal am 27. September wanderte die Kaiserin wieder über den Koppen, schickte die Hofgesellschaft mit dem Stübler Lois auf den Wilden Gößl und ließ sich von einem zweiten Fremdenführer, dem Bauern Stefan Hopfer vulgo Kriag Stefl, zum Grundlsee geleiten, wo sie mit der Gesellschaft wieder zusammentraf. Der Kriag Stefl wurde sogar in einem Gedicht der Kaiserin verewigt – in „Der längere Tag", in dem sie eine beachtliche bergsteigerische Leistung schilderte: die zehnstündige Überquerung des Toten Gebirges vom Offensee bis zur Elmgrube im Juni 1888. Zwei Jäger, zwei Träger, Joseph Komarek, der Leiblakai der Kaiserin, und Sarolta Majláth, die zu jener Zeit für einen Grafen Wolkenstein schwärmte, begleiteten unter der Führung des Kriag Stefl die Kaiserin. Der Bauer aus Grundlsee war laut eigenen Angaben ein alter Kriegsveteran, der 1859 den Italien-Feldzug gegen Sardinien-Piemont und Frankreich sowie 1865 den schleswig-holsteinschen Feldzug gegen Dänemark mitgemacht hatte, in Italien verwundet worden und in französische Gefangenschaft geraten war. Ob die abenteuerlichen Schilderungen des Kriag Stefl den Tatsachen entsprachen, sei dahingestellt, denn „Krieg" war jedenfalls nur der Hausname des Hopferschen Anwesens in Mosern.

Ein weiterer Bergführer der Kaiserin war der Bauernsohn Franz Köberl vulgo Ötzer aus Gößl. Seine Urenkelin hütet bis heute neben einem Foto und einem handgeschriebenen Notenheft, das Landler, Walzer und steirische Tänze enthält, auch ein kleines Stück Papier, auf dem der Ötzer stolz vermerkt hatte: „Vor Ihrer Majestät Kaiserin Elisabeth von Österreich Zither gespielt am 21. Juni 1888 in der Elmgrube."

Nach der Nacht im Jagdhaus in der Elmgrube, an die bis heute eine Marmortafel erinnert, stieg die Gesellschaft zum Grundlsee ab und nächtigte wieder im „Hotel Schraml". Am 23. Juni wanderte Elisabeth Richtung Altaussee und bestieg mit ihrem Bergführer den Tressenstein. Am nächsten Tag besuchte die Kaiserin fast unerkannt die Sonntagsmesse in Aussee, fuhr noch einmal an den Grundlsee und kehrte zu Fuß über den Koppen nach Obertraun zurück.

Auf ihren längeren Wandertouren übernachtete sie manchmal auch auf einfachen Almhütten – doch die Sehnsucht der Kaiserin nach Natur hatte ihre Grenzen. So schilderte sie in einem humorvollen Gedicht eine Nacht auf der Karbachalm östlich des Traunsees am Weg zum Traunstein, in der sie, von Bettwanzen geplagt, kaum Schlaf fand.

Von der Hütteneckalm oberhalb von Goisern, auf der die Kaiserin seit 1880 ein eigenes „Aussichtssalettl" besaß, bot sich Elisabeth das imposante Bild des Dachsteins, der selbst jedoch nur exzellenten Hochalpinisten vorbehalten war und den sie in einigen Gedichten festhielt.

Bevor sich die Familie zum gemeinsamen Familienurlaub in Ischl traf, verbrachte Elisabeth im Frühsommer jedes Jahr ein paar Wochen bei ihrer Familie in Bayern und reiste meist für einige Tage nach Bad Gastein. Hier wohnte sie entweder in der Villa Meran („einem kleinen gemütlichen Häuschen"[60], das 1828 von Erzherzog Johann errichtet worden war und heute als Hotel dient) oder in den späteren Jahren (1888–1892) in der Helenenburg.

Von Bad Gastein aus unternahm die Kaiserin ihre herausforderndsten Bergtouren, die alles andere als harmlose Wanderungen waren. Doch Elisabeth liebte das Bergsteigen und erklärte ihrem Vorleser Christomanos, der sich wunderte, dass die Kaiserin jeden Berg, den sie sah, ersteigen wollte: „Es gibt so wenig Plätze auf der Erde ..., die nicht abgetreten sind und somit ihren ursprünglichen Charakter unentweiht bewahrt haben. Darunter rechne ich die Gipfel der Berge ... Ich kann auf den höchsten und einsamsten Höhen der Berge athmen, freier athmen, wo andere sich verloren fühlen würden ... Es ist auch etwas anderes dabei: die Lust am Klettern. Ich muß es von den Ziegen haben, deren Milch ich so gerne trinke. Ich sehe gar nicht darauf wie die Touristen, wieviel Meter hoch ich steige, sondern ich will nur steigen. Das Steigen ist anziehender als jede erreichte Spitze. Für mich ist die Spitze kein Ziel, sondern ein Hindernis, wie beim Reiten."[61]

Mühelos bestieg sie die Dreitausender der Umgebung und engagierte dafür den damals bekanntesten Bergführer seiner Zeit, Rupert

Hacksteiner, der sie von 1886 bis 1893 auf all ihren Bergtouren begleitete: auf den 2467 Meter hohen Gamskarkogel, den 1800 Meter hoch gelegenen Bockhartsee oder auf die Haitzingalm.

Rupert Hacksteiners Honorar war pro Bergtour rund 30 Gulden (ca. 260 Euro) – so konnte er sich als Bergführer des Hoch- und Geldadels ein kleines Vermögen erarbeiten, mit dem er ein Hotel, die „Villa Alpenrose", errichtete, das er bis zu seinem Tod 1935 erfolgreich führte.

Wiederum fühlte sich die Kaiserin jedoch durch die Kondition ihrer Hofdamen eingeschränkt, denn bei Gletschertouren mussten die angeseilten Begleiterinnen die schwierigsten Passagen sogar hinaufgezogen werden. So erzählte Constantin Christomanos kurz nach seinem Dienstantritt im Dezember 1891: „Ich habe gestern mit einer der Damen gesprochen, welche mir von den Gletschern vorschwärmte – im Sommer natürlich – mit zwei Führern, und angebunden, damit man sie hinaufziehe."[62] Da die Vorkehrungen immer beschwerlicher wurden, engagierte Elisabeth für Bergtouren 1891 schließlich die 25-jährige Gräfin Janka Mikes von Zabola, die davor auf ihre Kondition und Marschfähigkeiten getestet worden war.

Dass die Bergtouren witterungsbedingt auch zu ungewöhnlichen Nachtlagern und „Komplikationen" führen konnten, schilderte Franz Joseph Katharina Schratt in seinem Brief vom 4. Juli 1891 aus Gastein über eine Bergtour der Kaiserin auf den „Gamskarkogel, einem sehr hohen Berg mit berühmter Aussicht … Sie hatte Vorgestern bei der entsetzlichen Hitze mit Gräfin Mikes und dem Griechen und nur von einem Führer begleitet um 11 Uhr Vormittag den Aufstieg begonnen und wollte Abends zurückkehren. Oben wurden sie vom Gewitter überrascht und mussten die Nacht in einer Alpenhütte auf dem Heu zubringen. Als Nahrung hatten sie den ganzen Tag nur Milch. Der Grieche bekam sein Nachtlager auf dem Heuboden angewiesen und die Almerin wollte durchaus dasselbe mit ihm theilen, so dass alle möglichen Berechnungen und Vorsichtsmaßnahmen nothwendig waren, um seine Unschuld zu retten."[63]

Auch Marie Valerie schilderte in ihrem Tagebuch ihre Ausflüge durchs Salzkammergut und erwähnte dabei immer wieder Bergtouren der Kaiserin, die sie jedoch lieber allein unternahm. So notierte Valerie im August 1885, als sie von Gastein nach Zell am See kamen, wo auch Elisabeths Schwestern Mathilde (Gräfin Trani) und Sophie (Gräfin Alençon) einige Wochen verbrachten: „Als man mich weckte, erzählte man mir, Mama sei um 1 Uhr nachts auf die Schmittenhöhe mit Sárolta Maylath (Majláth), Führern und Laternen …"[64]

Fotografie einer kaiserlichen Bergtour bei Meran. Links ist vermutlich Kaiserin Elisabeth mit einer Hofdame und drei Bergführern zu sehen. In der „Meraner Zeitung" war im September 1897 zu lesen: „… nach Longvall gestiegen, wo Ihre Majestät … die Meraner Quellen besichtigten … Im Longvallhofe nahm die Kaiserin Brot und Milch und Butter zu sich. Hierauf wurde zu Thal gestiegen …"

In Gastein traf sich Elisabeth auch öfter mit Franz Joseph, der die gemeinsamen Tage mit der Kaiserin sehnsüchtig erwartete. In seinen Briefen an Katharina Schratt schilderte er ihr ihre Spaziergänge und Ausflüge: „Vorgestern sind wir nach Böckstein gefahren, eigentlich der schönste Punkt in der Gegend und von dort auf einem neuen, noch theilweise im Bau begriffenen Wege zu Fuß zurückgegangen und Gestern waren wir wieder im Kötschach Thale …"[65]

Neben den Bergtouren machte Elisabeth auch Badekuren – ebenso wie Kaiser Franz Joseph, der davon allerdings weniger angetan war: „Mein erstes und letztes Gasteiner Bad habe ich richtig Vorgestern Früh um fünf Uhr genommen. Nach der mir von der Kaiserin mündlich und schriftlich ertheilten Instruction hatte das Wasser 26½ Grad, ich nahm Umschläge von frischem Brunnenwasser auf den Kopf, sie waren mir aber zu kalt und thaten meinem kahlen Schädel wehe. Ich sollte 10 Minuten im Bade bleiben, blieb aber nur 7 Minuten, da mir das Wasser zu heiß war. Beim Verlassen des Bades wurde ich aus einer Gießkanne mit Gasteiner Wasser von 20 Grad begossen, dann abgetrocknet und dann lag ich eine halbe Stunde im Bette, in welchem ich so fror, dass ich nach eingenommenem Morgenkaffee, durch eine halbe Stunde mit Paletot auf der Kaiser Promenade herumlief, um mich zu erwärmen. Ich muß zugeben, daß das Wasser wunderschön klar und rein ist, anfangs einen ganz angenehmen Eindruck macht, auch sind die Wannen, eigentlich Bäder, geräumig und sehr nett ganz mit Porcellan belegt, allein ich habe das Gefühl, daß bei wiederholtem baden, die Erhitzung und das Eingenommensein des Kopfes doch zu groß wäre. Vielleicht bin ich doch noch zu jugendlich für Gastein …"[66]

Besonders gemütlich fand Franz Joseph die gemeinsamen Frühstücke und Diners, die ihnen von der privaten Kammerköchin der Kaiserin, Theresie Teufel, zubereitet wurden. Da Franz Joseph die Tage mit Elisabeth in der Helenenburg liebte, überlegte er sogar, sie zu kaufen. Seine Gemahlin, die sich allein durch den Gedanken wieder eingesperrt und eingeengt fühlte, versuchte diese Idee im Keim zu ersticken und erklärte ihrem Mann, dass sie künftig lieber in Karlsbad Kuren machen wolle,

worüber Franz Joseph nicht gerade begeistert war: „Wegen der Helenenburg thue ich nichts, obwohl ich mir nicht denken kann, daß Karlsbad
statt Gastein Dir conveniren, gefallen und nützlich sein wird, auch ist es
schade ein ganzen Jahr nicht in das doch schöne Gastein zu kommen,
wenn es auch mit dem lieben Ischl nicht zu vergleichen ist, was man so
recht fühlt, wenn man von Gastein hierher kommt."[67]

So sehr der Kaiser die Tage mit seiner Frau ersehnt hatte, so sehr ver-
misste er sie danach. Am 14. Juli 1891 schrieb er aus Ischl nach Gastein:
„Meine Stimmung ist melancholisch mit wehem Herzen und Heimweh
nach Gastein. Als ich Gestern den Berg unter der Johannespromenade
hinunter fuhr und mich traurig und sehnsüchtig nach der Helenenburg
umsah, glaubte ich Deinen weißen Sonnenschirm auf dem Balkon zu
erkennen und die Tränen traten mir in die Augen. Nochmals meinen
heißen Dank für Deine Liebe und Güte während meines Gasteiner
Aufenthaltes; so gute Tage habe ich jetzt selten."[68]

In Gastein hatte Elisabeth auch eine kleine „Romanze" mit einem
jungen Mann namens Alfred Gurniak Edler von Schreibendorf, der die
Kaiserin glühend verehrte, ihr nachreiste und schwülstige Gedichte
schrieb. Auch Elisabeth hielt die einseitige „Romanze" in einigen Gedichten fest, aus denen hervorgeht, dass ihr die Avancen des jungen
Mannes zwar schmeichelten, sie diese jedoch niemals erwiderte:

Aus meiner hohen Eisregion
Ruf' ich zu dir hernieder:
Dein Minnen ist umsonst mein Sohn
Erstarrtes grünt nie wieder."

(Alfred, der verzauberte Eber, Wien 1888)

Eine Zeit lang spielte die Kaiserin belustigt und selbstverliebt mit ihm,
ließ ihn durch kleine Gunstbeweise zappeln, machte sich aber gleichzeitig in ihren Gedichten über ihn lustig.

Die beiden trafen sich immer wieder auf Spaziergängen oder kamen bei Aussichtspunkten wie der Windischgrätzhöhe zusammen – was allerdings nicht unbemerkt blieb. Bald wurde über die beiden getratscht, wie Elisabeth in einem Gedicht festhielt:

Es steigt am Steig zum Tannenwald,
Wo sie sich täglich trafen,
Ein Hexenweib grausig und alt,
Behaart wie sonst nur Affen.

Sie kreischt ins' Thal mit bösem Sinn:
„Von ihrem Lilienthrone
Titania, die Königin,
Naht einem Erdensohne."

Der Bürgermeister hört dies gleich
Sagt's dem Regierungsrate
Der kündigt's seinem Chef im Reich
Per Telegraphendrahte.

Der and'ren alten Weiber Heer
Verdrehen auch die Augen,
Und meinen, das seit Alters her
Solch Feen nie was taugen.

Titania macht diess wenig Schmerz,
Sie lacht und tändelt weiter:
„Der Tag ist kurz, und kurz der Scherz,
Bald schicke ich ihn weiter."

(Windischgrätzhöhe, Ischl, Sommer 1888)

Als Alfred ihr jedoch von finanziellen Sorgen erzählte und sie schließlich um Geld bat, setzte sie dem Ganzen ein Ende.

Poetische Zauberwelten

Seit ihrer frühesten Jugend hatte Elisabeth meist sehnsuchtsvolle und schwärmerische Gedichte geschrieben, ab den 1880er-Jahren nahm diese Leidenschaft einen Großteil ihres Tages in Anspruch. Bedingt durch ihre Ischiasschmerzen musste sie schließlich die Reiterei aufgeben und fand in der Welt der Poesie und im Dichten eine neue Zuflucht. Marie Valerie war froh, dass ihre Mutter einen Ausgleich gefunden hatte, der sie glücklich machte, und notierte im Juni 1887 in Ischl: „Nachmittags im Garten, wo mir Mama ein langes Gedicht von sich vorlas und mir sagte, nur ich verstehe sie. Seit ihrem innigen seelischen Verkehr ist Mama wirklich … ruhiger und glücklicher und hat im Sinnen und Dichten … eine befriedigende Lebensaufgabe gefunden … Das Aufgeben des Reitens wegen ihrer Fussschmerzen … hat sich als notwendig für ihre Zufriedenheit herausgestellt."[69]

Von ihrem Lieblingsdichter Heinrich Heine inspiriert, schrieb sie zahlreiche Gedichte. Sie liebte aber auch Shakespeare, identifizierte sich mit der Feenkönigin Titania aus dem „Sommernachtstraum" und verlieh in ihren Gedichten der Einsamkeit und dem Gefühl, von ihrer Umwelt nicht verstanden zu werden, Ausdruck. In Ischl konnte sie sich dafür in ihr Cottage zurückziehen, in dem sie ungestört war und mit dem einzigartigen Blick in den blühenden und duftenden Garten sowie auf ihren „Zauberberg", den Jainzen, die passende Atmosphäre für ihre Gedichte fand:

Weiss einen Wundergarten,
So wunderinnig schön,
Der Blumen alle Arten
Vielduftig darin steh'n.
(...)

Und aus des Gartens Mitte
Ein Zauberberg sich hebt;
Ich fühl' mit jedem Schritte
Mich dort wie neubelebt.
Es flüstern seine Buchen
Geheimnisvoll mir zu. –
Nie ging vergebens suchen
Ich oben Heil und Ruh!
(…)
O du mein Berg der Lieder!
O du mein Feenreich!
Voll Gaben steig ich nieder,
Aus deinem Waldbereich!

(„Mein Zauberberg", Nordseelieder, 1885)

Das Dichten war für Elisabeth Flucht und Halt gleichzeitig, dennoch war ihre Familie besorgt darüber, dass sie dermaßen in ihrer Welt versank. Franz Joseph, der generell wenig für Poesie übrig hatte, konnte den „Wolkenkraxeleien" seiner Frau nicht viel abgewinnen und Tochter Marie Valerie vertraute ihrem Tagebuch an: „Mama las mir wunderschöne Gedichte vor … kann nicht genug über Leichtigkeit staunen, mit der sie dichtet … Sogar Onkel Gackel, der eines las, fand das Gedicht sehr schön, warnte aber Mama davor, sich zu intensiv in die überspannten Ideen zu bohren, in denen sie lebt, denn er meint durch diesen eingebildeten Seelenverkehr mit Heine könne sie ihre Nerven so überreizen, dass sie am Ende noch ‚umschnappe' – Abgesehen von den sie oft erschreckend aufregenden Ideen Mamas, ist aber glaube ich dies Dichten ein Glück für sie … eigentümliches Leben, das meiner Mutter – ihre Gedanken beschäftigt die Vergangenheit, ihr Streben nach ferner Zukunft: die Gegenwart ist ihr ein wesenloses Schattenbild, ihr größter Stolz dass niemand ahnt, dass sie eine Dichterin …"[70]

Dazu muss jedoch angemerkt werden, dass Männer generell skeptisch bis ablehnend auf künstlerische Talente von Frauen reagierten und vor allem dichtende Frauen als überspannt und überreizt abtaten, sie weder ernst nahmen noch anerkannten.

Auch wenn Elisabeth bei ihren Wanderungen und Bergtouren zu vielen Gedichten inspiriert wurde – der Jainzen blieb ihr Lieblingsberg, auf dem sie auch für ihre Tochter ein Marterl errichten ließ, an dem ein ihr gewidmetes Gedicht angebracht war. Marie Valerie war überrascht und gerührt, als sie es entdeckte: „… der Jainzen ist ja Mamas Zauberberg, wo sie dichtet und träumt und selbst mich kaum mehr etwas erstaunen könnte … was war da mein Erstaunen, als ich statt allem, was ich für denkbar gehalten, ein wunderschönes Marienbild in Art einer kleinen Kapelle sah und darunter das Gedicht: ‚O breite deine Arme aus … Welch Gabe zu meinem Namenstag …‘"[71] Dieses Gedicht war das einzige, das der Öffentlichkeit bis zur Öffnung des Literarischen Nachlasses der Kaiserin 1978 bekannt war. Elisabeth hatte ihre Gedichte zu Lebzeiten streng unter Verschluss gehalten und in ihrem Testament verfügt, dass sie in der Schweiz aufbewahrt und erst 60 Jahre nach ihrem Tod öffentlich zugänglich gemacht werden dürften. Mit ein Grund dafür mag sein, dass die Kaiserin nicht nur von Heine inspirierte melancholische und schwärmerische Gedichte schrieb, sondern durchaus auch bösartige. So zog sie in vielen Versen über die großteils so verhasste Familie her und diese bösen, mitunter beleidigenden Beschreibungen der kaiserlichen Angehörigen wurden zu einer wahren – und absolut geheimen – Leidenschaft. Beispielsweise schrieb sie anlässlich eines Familiendiners zu Franz Josephs 57. Geburtstag:

„Heute will ich dich zerstreuen",
Spricht Titania zum Gemahl;
„Denn ich weiss, Dich kann nicht freuen
Deiner Jahre hohe Zahl.

Muss Dich leider embêtieren
Der Familie grosser Chor,
Stell' ich, Dich zu divertieren,
Sie als Tiere dann Dir vor.
(…)
Dicke, Dünne, Alte, Junge,
Jedes kommt jetzt an die Reih',
Unverschämt lügt jede Zunge:
„Euch zu seh'n, wie ich mich freu'!"

Nach des Wiederseh'ns Entzücken
Setzt man sich zum reichen Mahl
Und mein Stab berührt den Rücken
Jedes Gastes nun dreimal.

Ob'ron, ei! zu Deiner Rechten
Welch' ein mächtig Trampeltier,
Statt der langen falschen Flechten
Siehst du blondes Fell jetzt hier!

Doch die Augen sind dieselben,
Listig lauernd wie vorher,
Auch die Löckchen noch, die gelben,
Liegen auf der Stirne schwer.

Und den Stolz in seinen Zügen
Trägt es selbst als Trampeltier;
Volksgejohl ist sein Vergnügen
Vivat! Salva! Sein Plaisir.

Darum zieht's in allen Städten,
Märkten feierlich herum;

Voraus muss der Tambour treten;
Aufgepasst! Nun kommt's, bum, bum!

Oberon zu Deiner Linken
Einer rackerdürren Sau
Blaue Äuglein ehrlich blinken,
Ähnlich Dir fast im Geschau.

Ihre Ferkelein, herzig kleine,
Bracht' sie aus dem Nachbarreich;
Sehen dort dem Vaterschweine
Bis aufs letzte Härchen gleich.

Mit den angestammten Rüsseln
Arbeitet das emsig los
In den Tellern, in den Schüsseln;
Leises Grunzen hört man blos.
(…)
Seine Gattin, eine fette,
Kleine, dralle Bauernkuh,
Bringt ihm jährlich zwerghaft nette
Junge. – Zahlen musst dann Du.

Von dem zweiten Wurfe stammen
All die Kirchenmäuse dort,
Bettelarm trotz hoher Namen,
Pflanzten rasend schnell sich fort.
(…)
Ekelhaft ist mir der Affe,
Boshaft, wie kein andres Vieh;
Solcher Tag scheint wahre Strafe,
Seh' ich ihn, den ich sonst flieh'.

Hässlich, wie es anzuschauen,
Ist sein Maul auch lasterhaft,
Stets erfasst mich innres Grauen
Trifft mich seine Nachbarschaft.
(…)

(„Zu Oberons Wiegenfest", 1887[72])

Mit „Affe" war Elisabeths Schwager Erzherzog Ludwig Victor gemeint, mit dem „Trampeltier" ihre wenig geliebte Schwiegertochter Stephanie von Belgien, über die sie sich stets wegen ihres unvorteilhaften Aussehens lustig machte, und mit der „Sau" niemand Geringerer als die eigene Tochter Gisela mit ihren Kindern, zu denen Elisabeth ja ein eher distanziertes Verhältnis hatte. Auch über die kinderreiche Toskana-Linie zog sie her, da sie sich offenbar darüber ärgerte, dass der Kaiser traditionsgemäß zu jeder Geburt der Mutter eine Perlenkette schenkte – also „zahlen" musste. In Anbetracht der Unsummen, die ihr eigenes mondänes und kapriziöses Leben verschlang, war dies jedoch geradezu absurd. Vor allem der jüngste Bruder Kaiser Franz Josephs, Erzherzog Ludwig Victor, mit dem sie als junge Kaiserin eng befreundet gewesen war, hatte es sich durch eine Indiskretion mit Elisabeth verscherzt und war wiederholt Zielscheibe ihrer Schmähgedichte:

Familienmahl[73]
Auf Titania, schmücke dich
Heut' mit Diamanten!
Sonntag ist's, es nahen sich
Wieder die Verwandten.
(…)
Oberon im Feensaal
Winket schon den Gästen,

Die sich dem Familienmahl
Nah'n von Ost und Westen.

Erster zu erscheinen pflegt
Ob'rons jüngster Bruder;
(Und der grosse Erdball trägt
Kein solch' zweites Luder).

In dem kränklich schlaffen Leib
Herrscht ein äffisch Wesen;
Lügen ist stets Zeitvertreib
Ihm und Pflicht gewesen.

Ehrabschneiden zum Metier
Hat er sich erkoren;
Drum, wer ihm verfällt, dem weh!
Der hat schon verloren.

Spiritistische Séancen und „Irrenhäuser"

Zeit ihres Lebens begeisterte sie sich für „Extravagantes" und lebte ihre Leidenschaft auch in anderen Bereichen aus. Als „Spiritistin" nahm sie an „Séancen" und spiritistischen Sitzungen, „Tischerlrücken" und ähnlichen Zusammenkünften teil und besuchte mehrere bekannte „Medien". Allmählich entwickelte sich geradezu eine Obsession für „Abnormes". Schon als junge Kaiserin hatte sie sich für Zirkus-„Attraktionen" interessiert und ließ bei einer Reise nach Südtirol sogar einmal „die vier Zentner schwere Riesin Eugenie", die in einer „Bude" in Meran ausgestellt wurde, von einem Wagen abholen und in ihre Residenz Schloss Trautmannsdorff bringen, um sie zu besichtigen.[74]

In späteren Jahren entwickelte Elisabeth die in der Öffentlichkeit geheim gehaltene dunkle Obsession für „Irrenanstalten". Nicht nur innerhalb der Monarchie, sondern auch auf Reisen besuchte sie Anstalten für psychisch kranke Menschen und ließ sich immer die schweren Fälle zeigen. Diese Besuche hatten jedoch nichts mit karitativem oder sozialem Engagement zu tun, sondern erwecken eher den Eindruck einer Art Voyeurismus. Denn ihre Besuche fanden immer „geheim" statt, das heißt es sollte eben nicht das mediale Interesse auf das Thema psychische Gesundheit bzw. Krankheiten oder die Unterbringung und Behandlung psychisch Kranker gelegt werden.

Dass es ihr nicht um eine Förderung der Sache ging, zeigt auch, dass Elisabeth weder die von ihr besuchten noch andere Einrichtungen jemals finanziell unterstützte. „Das interessante Blatt" beschrieb einen dieser unangemeldeten Überraschungsbesuche: „Die Kaiserin von Österreich liebt es, die Stätten des Elends und Unglückes persönlich zu besuchen, um Linderung und Trost zu spenden; oft schon ist die Kaiserin, ohne daß die Leiter der öffentlichen Wohlthätigkeitsanstalten darauf vorbereitet gewesen, da und dort erschienen, um in persönlichen Verkehr mit den Bewohnern solcher Anstalten zu treten … Der Besuch der Irrenanstalt in Budapest, den unser Bild zum Gegenstand hat, war auch ein unerwarteter. Niemand ahnte, daß die Kaiserin der Irrenanstalt einen Besuch zugedacht habe.

Unangemeldet erschien die Monarchin mit der Gräfin Festetics in der Landes-Irrenanstalt auf dem Leopoldifeld; sie ließ sich durch alle Abtheilungen führen und verweilte besonders lange in der Frauenabtheilung, mit deren Pfleglingen sie vergebens zusammenhängende Gespräche zu führen versuchte. Die hohe Frau spendete daselbst den Kranken in leutseligster Weise Trost. Die Kranken hatten zumeist keine Ahnung, wer die Besucherin sei. Eine kranke Gouvernante, welche gelähmt im Bette lag und stickte, wurde vom Director hypnotisirt. Die Kaiserin richtete mehrere Fragen an die Kranke. Diese antwortete unter Anderem: ‚Ich kenne Ihre Majestät. Ich war in Wien bei der silbernen Hochzeitsfeier; es regnete damals.' Die Kaiserin bemerkte hierauf überrascht zum Director: ‚Gewiß, es hat damals geregnet.' – Die im nächsten Momente geweckte Kranke hatte keine Ahnung mehr von dem, was sie gesagt ... In der Kirche verrichtete die Kaiserin ein kurzes Gebet und verabschiedete sich, indem sie ihrem Mitgefühl mit den Unglücklichen dem Anstaltsleiter gegenüber lebhaften Ausdruck gab."[75]

Auch andere Zeitungen berichteten vom Besuch Elisabeths in der Irrenanstalt in Budapest, schilderten aber in erster Linie, dass die Kaiserin vor allem an der Hypnose einer Patientin durch den Anstaltsleiter interessiert war. Elisabeth scheint den Besuch hauptsächlich mit diesem Ziel absolviert zu haben, denn sie nahm sich für die Hypnose Zeit, stellte an die hypnotisierte Patientin zahlreiche Fragen und schien äußerst beeindruckt. Elisabeth hatte also eine Obsession für „Irrenanstalten" entwickelt, jedoch ohne sozialen Hintergrund. Möglicherweise hängt ihr Interesse damit zusammen, dass es in ihrer Familie mütterlicherseits einige schwere Fälle psychischer Erkrankungen gab – wie etwa ihren Cousin König Ludwig II. von Bayern oder auch seinen Bruder Otto. Dennoch gehört diese „Leidenschaft" zu den wohl dunkelsten Kapiteln im Leben der Kaiserin.

Geheimnisvolle Seereisen

In ihren letzten Lebensjahren ging Elisabeth nur noch einer ihrer lebenslangen Leidenschaften nach: Seereisen. Seit ihrem ersten Aufenthalt auf Madeira im Winter 1860/61 und ihrer anschließenden Schiffsreise nach Griechenland, auf der sie auch erstmals nach Korfu kam, liebte sie das Meer und Schiffsreisen. Franz Joseph, der seine Frau sein Leben lang bedingungslos liebte, erfüllte ihr nach wie vor jeden Wunsch. Nur mit seiner Unterstützung – auch in finanzieller Hinsicht – konnte sie ihr unabhängiges Leben führen – und ihre Reisen finanzieren, die Unsummen kosteten. An Bord eines Schiffes fühlte sie sich frei, ungebunden und geradezu magisch vom endlosen Ozean angezogen. In ihren Gedichten träumte sie davon, frei wie eine Möwe zu fliegen:

Eine Möve bin ich von keinem Land,
Meine Heimat nenne ich keinen Strand,
Mich bindet nicht Ort und nicht Stelle;
Ich fliege von Welle zu Welle

Auf einer Reise, die sie nach Griechenland und Kleinasien führte, ließ sich Elisabeth 1888 – wie viele reisende Adelige als Zeichen ihrer Verbundenheit mit Seefahrern – tätowieren. Als Franz Joseph das Tattoo sah, war er entsetzt und ihre Tochter Marie Valerie schilderte die Szene in ihrem Tagebuch. Elisabeth hatte soeben ihre Zustimmung zu Valeries Vermählung gegeben und Mutter und Tochter waren vor Rührung in Tränen ausgebrochen, „… als Papa eintrat und mich fragte, ob ich wohl schon über die furchtbare Überraschung geweint habe, daß sich nämlich Mama einen Anker auf die Schulter einbrennen ließ, was ich sehr originell und gar nicht so entsetzlich finde …"[76]

Elisabeth unternahm die meisten Seereisen auf der kaiserlichen Jacht „Miramar", die zwar einfach, aber elegant und prächtig ausgestattet war. Die für die Kaiserin reservierten Räume hatten den Charakter einer Seemannswohnung, waren aber dennoch mit weißen Möbelhussen und üppigen Blumenarrangements annehmlich gestaltet. Zu den Annehmlichkeiten, auf die Elisabeth selbst bei Seereisen nicht verzichten wollte, zählte ihr tägliches Bad, das sie meist frühmorgens nahm. Dazu wurde in Fässern Meerwasser an Bord geholt und ihre Badewanne damit gefüllt – damit das Badewasser nicht überschwappte, musste das Schiff allerdings während des Bades der Kaiserin stillstehen. Außerdem verzichtete sie natürlich auch nicht auf ihre Gewohnheit, täglich frische Milch zu trinken. Dazu wurden extra Ziegen aus ihrer Meierei mitgenommen – Elisabeth erklärte nicht ganz ohne Selbstironie dem staunenden Constantin Christomanos über eine ihrer Ziegen: „Sie macht die Reise ohne jede Begeisterung für das Schöne, sagte sie, als wir die Ziege in ihrem Stall besuchten. Aber sie hat Pflichtgefühl, denn sie ist eine Engländerin … es gibt keine besseren Nurses als die Engländerinnen."[77]

Auf dem Verdeck befand sich ein runder Glaspavillon, der eine Rundumaussicht auf das Meer ermöglichte. Er war mit blauer Seide tapeziert, die Vorhänge konnten heruntergelassen werden und in der Mitte stand ein runder Diwan. Hier ließ sich die Kaiserin jeden Morgen frisieren, während sie mit ihrem Griechischlehrer las oder schrieb. Um dabei nicht gestört zu sein, waren während dieser Zeit alle Vorhänge zu. In diesem Pavillon hielt sie sich auch bei Regenwetter oder Sturm auf und genoss die Aussicht auf die raue See. Elisabeth kannte keine Seekrankheit und liebte hohen Seegang, wenn sie sich den Elementen besonders nahe fühlte. Christomanos erklärte sie: „Wenn es stürmisch wird und wir auf hoher See sind, lasse ich mich gewöhnlich an diesen Stuhl binden. Ich tue dies wie Odysseus, weil mich die Wellen locken."[78]

Die Begleiter der Kaiserin waren weniger angetan von den Naturgewalten auf hoher See. Elisabeths Leiblakai Leopold Alram, der die Kaiserin ab 1893 über viele Jahre hinweg auf ihren Seereisen begleitete, vermerkte in seinem Tagebuch: „die See war schauderhaft, wie eine Nußschale wurde unser Schiff herum geworfen, das umkehren war fürchterlich, wir haben schon geglaubt das wir zu Fischfutter bestimmt sind; um ½ 10 Uhr Abens (!) wurde umgekehrt, ich hab mir mit einer Servette (!) den Kopf verbunden um nichts hören zu müssen ..."[79] Die meiste Zeit verbrachte Elisabeth jedoch auf dem Hinterdeck und der Kommandobrücke, welche sie durch Segeltücher so abschließen ließ, dass nichts mehr vom Schiff, sondern nur das Meer sichtbar war. Am Abend wurden die Segeltücher wieder abgenommen und die Schiffsmannschaft versuchte „wo möglich sich unsichtbar zu machen", was vor allem bei schlechtem Wetter gar nicht so leicht war. Doch darüber machte sich die Kaiserin keine Gedanken.

1896 unternahm Elisabeth ihre letzte große Seereise nach Korfu. Im Jahr darauf reiste sie von einer Kur zur anderen und fühlte sich nicht fit genug für eine Schiffsreise. Dennoch wollte es ihr tragisches Schicksal, dass sie am 10. September 1898 an Bord eines Schiffes verstarb. Nachdem ihr der italienische Attentäter Luigi Lucheni eine spitz zugeschliffene Feile in die Brust und dabei mitten ins Herz gestochen hatte, was in der Aufregung um die Attacke auf die Kaiserin niemand bemerkt hatte, war Elisabeth noch an Bord des Schiffes gegangen, das sie von Genf nach Montreux bringen sollte. Dort verlor sie das Bewusstsein und erst da erkannte man, dass es sich bei dem Überfall um ein Attentat gehandelt hatte. Das Schiff drehte sofort um und man brachte die leblose Kaiserin zurück in ihr Hotel in Genf, wo der eilig herbeigerufene Arzt jedoch nur mehr ihren Tod feststellen konnte.

Kaiserin Elisabeth, Fotografie von Joseph Albert um 1865, Wien Museum.

Kronprinz Rudolf:
Ornithologe und Undercover-Journalist

Der einzige Sohn des Kaiserpaares, Kronprinz Rudolf (1858–1889), der dank seiner Mutter Kaiserin Elisabeth eine wissenschaftlich orientierte Ausbildung erhielt, hatte sich dadurch zu einem liberalen Mann entwickelt. Sein Umfeld war durch seine Lehrer, die erstmals aufgrund ihrer Qualifikation und nicht ihres militärischen Ranges ausgewählt worden und großteils Professoren der Wiener Universität waren, bürgerlich und vor allem liberal geprägt. Sein Erzieher Joseph Latour hatte bei der Auswahl zudem darauf geachtet, dass möglichst alle Nationalitäten der Monarchie vertreten waren. Die Lehrer vermittelten dem Kronprinzen damit sowohl die Kenntnis und Sympathie für ihre Volksgruppe, als auch zugleich die Notwendigkeit der Unterordnung in einem Vielvölkerreich, die Ablehnung nationalistischer Bestrebungen und des „Racenhasses" sowie den hohen Wert der Toleranz. Die wissenschaftlich orientierte Ausbildung formte ihn zu einem weltoffenen, vorurteilslosen und scharfen Beobachter. Rudolf blühte in dieser Zeit auf – endlich wurde der wissbegierige Kronprinz in seinen Talenten gefördert. Für die Entwicklung des naturwissenschaftlichen Interesses Rudolfs war in erster Linie sein Lehrer für Naturwissenschaften, der Kustos des physikalisch-astronomischen Kabinetts Joseph Krist, von entscheidender Bedeutung. Er ermutigte Rudolf von Beginn an, seine Naturbeobachtungen möglichst unmittelbar niederzuschreiben. In einem Brief an Krist sollte Rudolf später bekennen: „Die Liebe zu den naturwissenschaftlichen Studien haben Sie erst in mir wachgerufen, und dafür werde ich Ihnen mein Leben lang dankbar sein."[80]

Ornithologische Studien

Nach seiner abgeschlossenen Ausbildung kämpfte Rudolf zunächst um die Weiterführung seiner Studien und wollte Naturwissenschaften studieren. Vor allem die Vogelkunde hatte sich zu einer echten Leidenschaft entwickelt, die er nun akademisch vertiefen wollte. Ein Studium wurde ihm jedoch von seinem Vater untersagt, der Tradition entsprechend musste der Kronprinz der k.u.k. Monarchie eine militärische Laufbahn einschlagen und Soldat werden.

Diese Entscheidung Franz Josephs ist symptomatisch für die bildungsfeindliche Haltung des Kaiserhauses in der zweiten Hälfte des 19. Jahrhunderts. Im Unterschied zu Maria Theresia und Franz Stephan von Lothringen, wo zumindest für die Söhne eine wissenschaftlich orientierte und „moderne" Erziehung gefördert und sogar vorgegeben war, kehrte sich die Einstellung nun geradezu ins Gegenteil. Mit dem Sieg der konservativen und reaktionären Kräfte 1848 und der Einführung des Konkordats hatte die Kirche wieder an Boden und gerade in Erziehungsfragen an Einfluss gewonnen. Ein klerikales Weltbild und Festhalten an Traditionen – auch inhaltlich – war wichtiger als Forschung und Bildung. Diese bildungsfeindliche Einstellung, die – vor allem ein naturwissenschaftliches – Studium unmöglich machte, trug bei vielen zu Frustration oder Resignation bei und zwang jene Mitglieder des Kaiserhaues, die sich darüber hinwegsetzten, zu einem entweder trickreichen oder sogar heimlichen Doppelleben.

Rudolf hatte durch seine Stellung als Kronprinz besonders wenig Spielraum und musste sich dem Wunsch seines Vaters fügen. In seiner Freizeit widmete er sich jedoch weiterhin seinen Studien und stand mit den führenden Vertretern ihres Faches nicht nur in Kontakt, sondern auch in wissenschaftlichem Diskurs, allen voran mit dem Direktor des Naturhistorischen Hofmuseums, Ferdinand von Hochstetter, und dem berühmten Zoologen Alfred Brehm. Rudolf entwickelte sich zu einem Pionier der Erforschung der Vogelwelt der Donaumonarchie und schließlich zu einem Spezialisten für Adler und Geier. Im Frühjahr 1878 unternahm er gemeinsam mit den beiden Zoologen Brehm und Eugen von Homeyer eine Studienreise nach Südungarn, um seltene Exemplare dieser Arten zu beobachten und für seine eigene Sammlung zu erlegen. In seiner ersten, 1878 anonym erschienenen Publikation „15 Tage auf der Donau" beschrieb Rudolf seine Eindrücke jener Fahrt durch die unberührte Aulandschaft und betonte im Geleitwort die seiner Meinung nach essenzielle Bedeutung der Naturverbundenheit des Menschen: „Der Mensch muß Gelegenheit haben, sich von Zeit zu Zeit aus allem von ihm selbst Geschaffenen und aus der Gesellschaft der Kulturmenschen zu flüchten, hinaus in die freie Natur zu eilen, in die wahre, einzige Großartigkeit ..."[81]

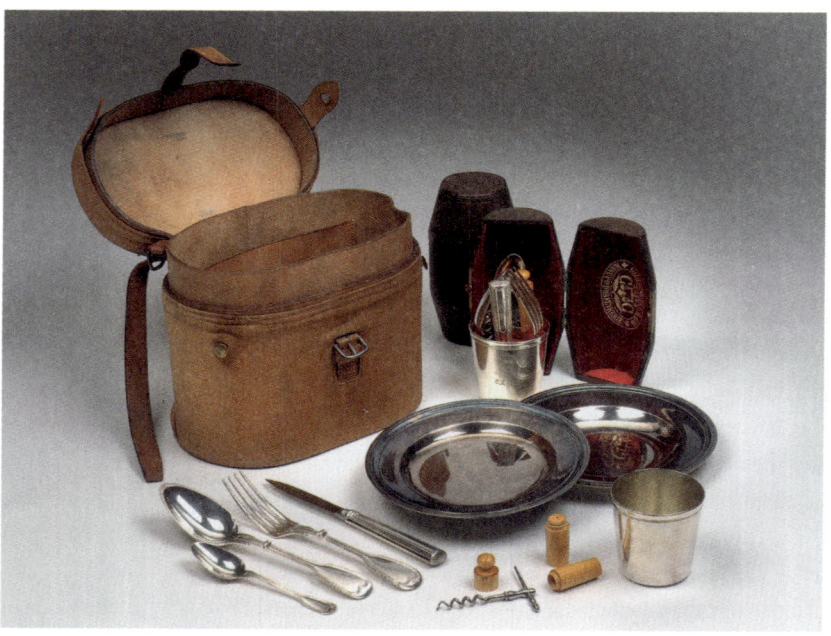

Picknickset des Kronprinzen Rudolf. Landessammlungen Niederösterreich, Foto: Kaiserhausauktion Palais Dorotheum Wien.

Rudolf kann zweifellos als einer der Pioniere der Erforschung der Vogelwelt des Habsburgerreiches bezeichnet werden, 1876 übernahm er das Protektorat des Ornithologischen Vereins. Seine eigenen ornithologischen Studien erlangten internationale Anerkennung und Brehm übernahm in seinem Standardwerk „Illustrirtes Thierleben" auch drei Aufsätze Rudolfs. Endlich fand er hier die Wertschätzung, die ihm sein Vater versagte, und wurde als anerkannter Wissenschaftler respektiert. Wie wichtig ihm das war, zeigt auch seine Reaktion auf die Verleihung des Ehrendoktorats im Juni 1884 durch die Wiener Universität: „Der Doktorhut hat mich geehrt und gefreut, wie noch keine andere Auszeichnung."[82]

Undercover-Journalist

Durch seine wissenschaftlich orientierte Erziehung hatte sich Rudolf vor allem zu einem kritisch denkenden jungen Mann entwickelt, der die aufkeimenden Probleme der Vielvölkermonarchie nicht nur erkannte, sondern sich auch Gedanken über Lösungsansätze machte, die er nur in einer liberalen Politik sah. Damit machte er sich zum erklärten Feind aller konservativen Kräfte, vornehmlich der klerikal geprägten reaktionären Berater seines Vaters. Kaiser Franz Joseph wusste zweifellos um die politische Einstellung seines Sohnes, ging jedoch wohl davon aus, dass es sich dabei um jugendliche „Verirrungen" handeln würde. Er ignorierte alle zaghaften Versuche seines Sohnes, heikle Themen anzusprechen, und sorgte dafür, dass Rudolf vom politischen Leben des Wiener Hofes ausgeschlossen blieb. Der Kronprinz erhielt keine wichtige Position oder Verantwortung und Franz Joseph hoffte auf „bessere" Zeiten.

Rudolf befand sich in einer Zwickmühle: Er hatte sich zu einem der schärfsten Kritiker vieler Bereiche der Politik des Wiener Hofes und damit Hoffnungsträger aller liberalen Kräfte entwickelt, gleichzeitig war er seinem Vater stets absolut loyal ergeben und suchte niemals einen offenen Gedankenaustausch oder gar eine Konfrontation. Seine Lehrer hatten ihm beigebracht, Gedanken zu formulieren und festzuhalten. Daraus hatte sich der Drang entwickelt, seine Positionen und Ansichten zu artikulieren. Rudolf begann, anonym Aufsätze und Artikel zu schreiben. Damit diese auch an die Öffentlichkeit gelangten, suchte er schließlich den Kontakt zu führenden liberalen Journalisten und Verlegern, in erster Linie zum Herausgeber des „Neuen Wiener Tagblatt", Moritz Szeps, der einer seiner engsten Vertrauten und Freunde wurde. Zum seinem 50. Geburtstag schrieb ihm der Kronprinz einen Brief mit dem Wunsch, in Szeps einen verbündeten Kämpfer ihrer gemeinsamen Ziele zu haben: „daß Sie noch lange Jahre mit ungeschwächter Kraft als mutiger Kämpfer in den ersten Reihen stehen sollen, um die Grundsätze wahrer Aufklärung, echter Bildung, Humanität und liberalen Fortschrittes zu bekennen und zu verfechten. Durch Ideen- und Gesinnungsgemeinschaft sind wir verwandt; denselben Zielen streben wir zu. Und wenn auch die Zeiten sich momentan verschlimmern, wenn auch Rückschritt, Fanatismus, Verrohung der Sitten und ein Zurückgehen auf alte, längst überwunden geglaubte Zustände Platz zu greifen scheinen, wir vertrauen doch auf eine schöne Zukunft, auf ein Durchdringen jener Prinzipien, denen wir dienen, denn der Fortschritt ist ein Naturgesetz."[83]

Doch der Kronprinz musste vorsichtig sein. Rudolfs Position als Thronfolger machte es schwer, sich bei Hof frei zu bewegen. Nicht zu Unrecht fühlte er sich stets beobachtet und gefährdet und erklärte Szeps die Vorgehensweise des Hofes folgendermaßen: „Man ist sehr aufmerksam und misstrauisch mir gegenüber und ich sehe von Tag zu Tag mehr, mit welch engem Kreis von Spionage, Denunziation und Überwachung ich umgeben bin. Seien Sie, falls man Sie über Ihre Beziehung zu mir fragt, nur sehr vorsichtig … ich kenne nur zu gut die Kampfweise meiner Gegner; zuerst wird sondiert, angeschlichen, werden durch Kreuz- und Querfragen Fallen gelegt, und wenn gut vorbereitet, dann geht der Hauptangriff los … Lange Zeit hindurch suchte man mich zu bestechen, als dies nichts half, ging man auf die Taktik über, mich von Zeit zu Zeit zu terrorisieren und mir viele, oft recht arge Unannehmlichkeiten an den Hals zu jagen. Daher Vorsicht und Geschicklichkeit."[84]

Diese für alle Beteiligten gefährliche Situation führte dazu, dass Rudolf dazu überging, seine heikle Korrespondenz zu verschlüsseln. Zunächst unterschrieb er seine Briefe mit „8,13,o,7,y,d" und chiffrierte schließlich alle Briefe und vor allem Telegramme, die er nicht durch absolut zuverlässige Mittelsmänner zustellen lassen konnte. Artikel, die er für das „Neue Wiener Tagblatt" verfasste, ließ er durch Vertraute abschreiben, damit seine Handschrift nicht erkannt werden konnte.

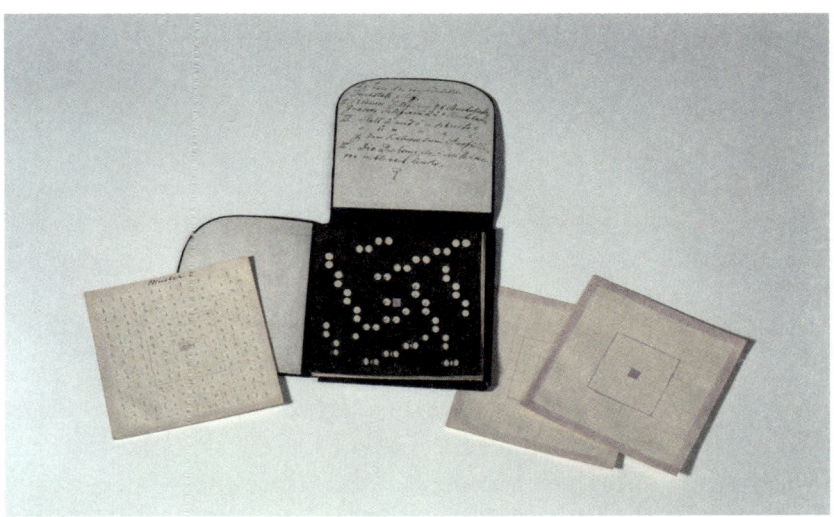

Chiffriereinrichtung des Kronprinzen Rudolf. Bundesmobilienverwaltung, Wien.

Die für die Chiffrierung und Dechiffrierung notwendige Einrichtung hat sich im Nachlass des Kronprinzen erhalten und ist heute im Möbelmuseum Wien ausgestellt. Sie besteht aus einer Ledermappe mit einer mit verschiedenen Mustern gestanzten Messingscheibe sowie einem Mäppchen mit Zettelchen mit Zahlenkolonnen. Auf der Ledermappe befindet sich auch folgender Hinweis zur Benutzung: „I. Immer der eingedrückte

Buchstabe giltig, … III. Statt ä oder ö schreibe e, statt ü – schreibe i, y zum Schlusse zum Ausfüllen. IV. Die Drehung der Scheibe immer von rechts nach links …" Da der Codierungsschlüssel jedoch nicht enthalten ist, war es bislang unmöglich, die Codierung zu entschlüsseln. Im Zuge der Recherchen für die Dokumentation „Duell der Kronprinzen", die 2022 nach dem Drehbuch und unter der Regie von Iris Fegerl von „Epo-Film" für die Sendereihe „Universum History" produziert wurde, konnte jedoch erstmals dieses Geheimnis enträtselt werden. So ist es den intensiven Recherchen Fegerls zu verdanken, dass in historischer Literatur, in der die Funktionsweise vergleichbarer Chiffrier-Einrichtungen beschrieben wurde, die Basis für die Entschlüsselung der Chiffrier-Einrichtung des Kronprinzen Rudolf gefunden werden konnte. Der entscheidende Tipp zur Funktionsweise kam dabei vom deutschen Spionagemuseum, dessen Leiter feststellte, dass es sich bei der Verschlüsselungstechnik um Steganografie handeln muss. Dabei wird der Text in einem anderen Text versteckt – im Unterschied zur Kryptografie, bei der der Text selbst verändert wird. Bei Rudolfs Chiffriergerät handelt es sich demnach um eine Variation einer „Fleißnerschen Schablone", die seit der Renaissance bekannt ist und auch im Ersten Weltkrieg benutzt wurde. Die Funktionsweise ist eigentlich simpel: Man legt die Schablone auf ein Blatt Papier und schreibt die Nachricht in die freien Stellen. Danach dreht man die Schablone und fährt fort, bis die Schablone keine freien Bereiche mehr zeigt. Danach entfernt man sie und füllt das Blatt mit Buchstaben aus.[85] Damit ist der Text ohne Schablone und genaue Kenntnis der Funktionsweise – vor allem in welche Richtung und wie weit die Schablone gedreht werden muss – unmöglich lesbar.

Nachdem die theoretische Funktionsweise klar war, musste jedoch genau dieses Rätsel noch gelöst werden, was schließlich gelang. Gemeinsam mit der wissenschaftlichen Beraterin der Dokumentation und Autorin dieser Publikation konnten damit die erhaltenen chiffrierten Notizen entschlüsselt und der Inhalt der erhaltenen Zettelchen gelesen werden. Auch wenn der Inhalt der vorhandenen Kärtchen vorerst keine wesentlichen neuen Erkenntnisse erbracht hat, ist diese Entdeckung für die Zukunft von größter Bedeutung, da damit nun auch chiffrierte Korrespondenz von oder an den Kronprinzen, die bislang von der Forschung als nicht lesbar eingestuft und daher wohl vielfach in Vergessenheit geraten ist, künftig entschlüsselt werden könnte.

In den letzten Jahren seines kurzen Lebens wurden die anfangs kämpferischen Briefe des Kronprinzen an Szeps immer pessimistischer. Auch an seinen ehemaligen Erzieher und väterlichen Vertrauten Joseph Latour schrieb er resigniert: „Ich sehe die schiefe Ebene auf der wir abwärts gleiten, stehe den Dingen sehr nahe, kann aber in keiner Weise etwas thun, darf nicht einmal laut reden, das sagen, was ich fühle oder glaube … Wird man mich, mit dem man nie ein Wort über Politik gesprochen hat, dem man ja niemals die Berechtigung einer eigenen Ansicht eingeräumt hat, nicht für keck und für einen Frondeur halten? Misstrauen gegen mich herrscht, das merke ich seit einigen Monaten und in letzter Zeit noch mehr … Ich habe den Ruf, liberal zu sein und gehe mit Menschen in wahrhaft intimen Verkehr um, die nicht beliebt, sogar schlecht angeschrieben sind."[86] Einen letzten verzweifelten Versuch unternahm der Kronprinz in seinem offenen Brief an seinen Vater unter dem Pseudonym Julius Felix. Darin beschwor er den Kaiser, das Bündnis mit dem in seinen Augen kriegstreiberischen Deutschland zu lösen und eine Allianz mit den Westmächten England und Frankeich zu bilden: „Sagen Sie sich los, Majestät, so lange es noch Zeit ist! … Entschließen Sie sich Majestät, kehren Sie auf der Bahn um, die zu einem Abgrunde führt …"[87] Da die Broschüre sofort konfisziert wurde, ist fraglich, ob der Kaiser sie je gelesen hat.

Die Frage, ob Rudolf zu Recht als die große Hoffnung für die Zukunft der österreichisch-ungarischen Monarchie angesehen wurde bzw. werden kann, ist aus Sicht einer Historikerin obsolet. Doch sollte dabei nicht vergessen werden: Auch wenn Rudolfs politische Visionen heute als zukunftsweisend angesehen werden können, so darf man diese nicht isoliert betrachten. Abgesehen davon, dass es fraglich ist, ob selbst Rudolf die verkrusteten Strukturen so schnell hätte verändern können, bleibt die Tatsache, dass die politische Entwicklung der Zeit in eine völlig andere Richtung ging. Selbst ein Kaiser Rudolf hätte den aufflammenden Nationalismus nicht ignorieren und negieren können, der schließlich zum Ende der Monarchie führte.

So kann Rudolfs Selbstmord nicht nur als persönliches Scheitern des Kronprinzen angesehen werden, sondern wohl auch als Vorbote des Zerfalls des Habsburgerreiches. Rudolf hatte die Probleme des Staates erkannt und war daran zerbrochen, den Untergang sehend, nichts verändern zu können. Sein Selbstmord ist als tragisches persönliches Scheitern zu bewerten, gleichzeitig zeigte er die Ausweglosigkeit der Politik des Wiener Hofes auf, die schließlich in den Zusammenbruch der Monarchie mündete. Rudolf hatte sich gefragt: „wie lange ein so alter und zäher Bau, wie dieses Österreich, braucht, um in allen Fugen zu krachen und zusammenzustürzen …"[88]

Kronprinz Rudolf mit Alfred Brehm und Eugen v. Homeyer auf der Adlerjagd, Zeichnung von Vinzenz Katzler, 1878.

Erzherzog Ludwig Victor: Fotograf und Schwimmer

Der jüngste Bruder Kaiser Franz Josephs, Erzherzog Ludwig Victor (1842–1919), war eine der schillerndsten Persönlichkeiten des Kaiserhauses. Er zählt eindeutig zu den begabtesten Habsburgern und war einer der wenigen, die sich ernsthaft für Kunst und Kultur interessierten. Der in der Familie „Luziwuzi" Genannte unterstützte verschiedenste Museen und Kunstvereine und sammelte leidenschaftlich Porzellan – und das ausschließlich in den Farben Weiß und Blau. Fotos seiner Salzburger Residenz geben eine Vorstellung von der prächtigen und kunstvollen Ausstattung, die auch von Zeitgenossen staunend bewundert wurde.

Da er sich sehr für zeitgenössische Kunst interessierte, gehört er zu jenen Habsburgern, die sich für das neue Medium Fotografie interessierten. Seine Fotos zählen – passend zu seiner Persönlichkeit – zu den extravagantesten der Zeit. Eine Interpretation der Fotografien ist für Fotohistoriker nicht eindeutig möglich, eines fällt jedoch auf: Ludwigs Fotografien waren außergewöhnlich, experimentell, exaltiert – und humorvoll. Auf vielen Fotografien ist auch einer seiner engsten Freunde zu sehen, Paul Merveldt, Sohn des Kammervorstehers seines Vaters, Erzherzog Franz Carl. Mit ihm verband ihn seit seiner Kindheit eine enge Freundschaft, die sogar so weit ging, dass Ludwig Victor Paul, als dieser 1870 schwer erkrankte, zu sich in seine Villa in Hietzing (in dem sich heute das berühmte Reinhardt-Seminar befindet) holte, um ihm die beste medizinische Versorgung und Pflege zu ermöglichen. Ludwig Victor, der wegen seiner scharfen Zunge, seiner hämischen Bemerkungen und seines überheblichen Auftretens oft als bösartig und gemein beschrieben wurde und geradezu gefürchtet war, zeigte sich hier von einer ganz anderen Seite. Menschen, die er mochte, war er ein herzensguter, großzügiger, hilfsbereiter Freund und Paul Merveldts Tod war ein großer Schock und Verlust, den er lange Zeit nicht verwinden konnte.

Eine seiner größten Leidenschaften war jedoch eine ganz andere, nämlich eine damals noch wenig verbreitete Sportart: Schwimmen. Schwimmen zählte zwar zur Ausbildung der kaiserlichen Kinder, galt aber nicht unbedingt als beliebte Sportart der erwachsenen Habsburger. Der Schwimmunterricht erfolgte im Bassin, der den Obeliskenbrunnen im Schönbrunner Schlosspark im Bereich des heutigen Schönbrunner Bades speiste. Die Kinder wurden dabei in Ringen, die an angelartigen Stäben befestigt waren, gesichert – erst wenn sie wirklich schwimmen konnten, durften sie ohne Hilfsmittel ins Becken. Beliebt war der Schwimmunterricht jedoch nicht, denn das Wasser war vor allem am Beginn des Sommers eisig kalt und kostete einige Überwindung. Dies mag auch der Grund sein, warum kaum ein Habsburger begeisterter Schwimmer wurde.

Große Ausnahme war jedoch Erzherzog Ludwig Victor, der schwimmen ging, wann immer er nur konnte. Auch im Park seiner Salzburger Residenz Schloss Kleßheim ließ er einen damals hochmodernen „Swimmingpool" inklusive Badehaus errichten. Aufgrund seiner nierenförmigen Gestaltung – lange vor der Zeit, als das modern wurde – galt der Pool als Inbegriff des extravaganten, luxuriösen Geschmacks des Erzherzogs. Da er in seinem Wiener Palais am Schwarzenbergplatz kein eigenes Schwimmbad besaß, besuchte er regelmäßig das nahe gelegene Centralbad in der Weihburggasse. Die Hofgesellschaft war zwar irritiert, dass ein Erzherzog „in einem öffentlichen Schwimmbassin mit n'importe qui baden durfte"[89], aber man gewöhnte sich rasch an die Tatsache und den Hofwagen, den man immer wieder vor dem Centralbad stehen sah. Bald war bekannt, dass der Erzherzog regelmäßig das Bad besuchte.

*Bei einem Aufenthalt in Abbazia ließ sich Erzherzog Ludwig Victor um 1897
mit einem Begleiter in Badekleidung fotografieren. Foto: Kaiserhausauktion Palais
Dorotheum Wien.*

Seine Schwimmleidenschaft sollte ihm jedoch zum Verhängnis werden, denn im Centralbad ereignete sich schließlich jenes ungebührliche Verhalten des Erzherzogs, das zu einem Skandal wurde und schließlich dazu führte, dass Ludwig Victor Wien verlassen musste. Demnach näherte er sich eines Tages einem Badegast – manchmal ist auch von einem Bademeister zu lesen – unsittlich und erhielt coram publico eine schallende Ohrfeige. Viele Ausschmückungen der Skandalgeschichte haben dazu geführt, dass oft sogar zu lesen ist, der Vorfall habe sich im Schwulenmilieu in einem einschlägigen Etablissement zugetragen. Ein Blick auf die historische Beschreibung des Centralbades zeigt jedoch eindeutig, dass dem nicht so war. Im Gegenteil. Als das Bad im Mai 1889 eröffnet wurde, gab es in den Wiener Zeitungen begeisterte Beschreibungen dieses damals luxuriösesten „Day-Spas" in der Wiener Innenstadt. So schrieb die „Wiener Allgemeine Zeitung": „In der Weihburggasse, gegenüber der Franziskanerkirche, ist dieser Tage ein Bau vollendet worden, der durch die Großartigkeit und Vortrefflichkeit seiner inneren Einrichtungen eine Sehenswürdigkeit Wiens zu werden verspricht. Es ist dies das große Wiener Centralbad, ein prächtiges Etablissement, das, mit einem Kostenaufwande von mehr als einer Million Gulden erbaut, am kommenden Sonntag, den 26. d. M., der Öffentlichkeit übergeben wird. Das ‚Wiener Centralbad', dem der bekannte Dr. Wilhelm Sperber als Director vorsteht, wird sicherlich, dank seinen glänzenden Einrichtungen, rasch die Gunst und Vorliebe des Wiener Publicums erringen."[90] Im Detail wurden die kostbar ausgestatteten Einrichtungen wie Dampfbäder, Bassins, Ruhe- und Massageräume geschildert.

Beim Centralbad handelte es sich demnach nicht um ein einschlägiges Etablissement, sondern um einen luxuriösen Wellnesstempel, der vom gehobenen Bürgertum und zahlreichen Aristokraten besucht wurde. 1894 wurde eine eigene Damen-Abteilung eingerichtet, das Bad war daher zu dem Zeitpunkt, als Ludwig Victor dort schwimmen ging, auch kein reines Herrenbad. Unabhängig davon verbreitete sich der Skandal natürlich wie ein Lauffeuer und führte dazu, dass Kaiser Franz Joseph reagieren musste. Auf sein Geheiß kehrte Ludwig Victor Wien dauerhaft den Rücken.

Der weit verbreitete Glaube, dass seine Homosexualität der ausschlaggebende Grund für die Verbannung war, entspricht jedoch nicht den Tatsachen. Dem Kaiser war die sexuelle Orientierung seines Bruders natürlich bekannt, sie wurde jedoch, wie generell in aristokratischen Kreisen, als Privatangelegenheit angesehen und weder moralisch noch gesellschaftlich verurteilt. Homosexualität war zwar strafbar, wurde jedoch – wenn sie nicht offen gelebt wurde – nicht verfolgt. Erst bei einer Anzeige musste die Exekutive reagieren. Auch das Kaiserhaus und vor allem Kaiser Franz Joseph waren nicht homophob und hatten keinerlei Problem mit schwulen Familienmitgliedern, denn Ludwig Victor war nicht der einzige Habsburger, der nur oder auch Männer liebte. So war Erzherzog Ludwig Salvator bekanntermaßen bisexuell und Franz Josephs Patensohn Franz Joseph von Braganza ebenfalls homosexuell. Zur Verbannung nach Salzburg führte auch kein Zwist zwischen dem Kaiser und seinem Bruder, sondern allein die Tatsache, dass die Sache in einer öffentlichen Badeanstalt stattgefunden hatte, dadurch öffentlich bekannt wurde und der Kaiser daher reagieren musste. Die beiden blieben jedoch auch weiterhin in Kontakt und Ludwig Victor wurde weder verstoßen noch für seine Homosexualität an sich mit Verbannung „bestraft" – er musste nur aus der Schusslinie gebracht werden, um nach außen hin das Ansehen des Hauses Habsburg zu wahren.

Völlig aus dem Zusammenhang gerissen ist auch das Foto, das den Erzherzog in Frauenkleidern zeigt und das immer wieder als Beweis hergenommen wird, Ludwig Victor wäre Transvestit oder transsexuell gewesen. Nichts davon entspricht den historischen Tatsachen, denn das Foto ist ein Detail aus einem Gruppenfoto, das Ludwig Victor im Kreis einiger Aristokraten der Hofgesellschaft zeigt. Dabei handelt es sich jedoch um ein Bühnenfoto der Aufführung „Vorlesung bei der Hausmeisterin", einem der damals populärsten und beliebtesten Theaterstücke in Wien, dessen „Gag" es war, dass alle Rollen, die nur Frauen darstellten, von Männern gespielt wurden. Alle Stars der Wiener Theater waren in dem Stück zu sehen – von Johann Nestroy bis Hans Moser –, bis das Stück schließlich in Vergessenheit geriet. Das Foto zeigt den Erzherzog also in Kostüm auf der Bühne und ist ein Beleg für seine Leidenschaft für Theaterspielen und nicht dafür, dass er sich als heimlicher Transvestit in Frauenkleidern fotografieren ließ.

Ludwig Victor ist generell ein Musterbeispiel dafür, wie talentierte, intelligente, wissbegierige und eloquente Mitglieder des Kaiserhauses subtil, aber doch in ein bedeutungsloses, gezwungenermaßen oberflächliches und letztlich frustrierendes Leben gedrängt wurden. Denn gerade Ludwig Victor hatte als junger Mann alle Eigenschaften gezeigt, die für eine bedeutende Position oder Aufgabe im Dienst der Monarchie gesprochen hätten. Er war clever, interessiert, charmant, eloquent und geistreich. Doch es scheint, dass gerade das sein Fehler war, denn Franz Joseph nahm ihn ein einziges Mal auf eine Repräsentationsreise nach Paris mit und zeigte sich wenig erfreut darüber, dass sein Bruder so großen Erfolg hatte und ihm quasi die Show stahl. So gutmütig und zurückhaltend sich Franz Joseph auch gab – er war dazu erzogen worden, allein an der Spitze des Staates zu stehen und duldete niemanden neben sich. Im Unterschied zu heutigen Monarchien, die sich als „Firma" empfinden, in der jedes Mitglied seinen Beitrag leisten muss, wollte genau das Franz Joseph nicht. Er förderte weder die Talente seiner Familienmitglieder, noch setzte er sie für seine Zwecke ein und hielt alle in einer luxuriösen, sorgenfreien, doch bedeutungslosen Blase fest. Damit drängte er diejenigen, die dennoch eine Leidenschaft entwickelten, der sie nachgehen wollten, in die Heimlichkeit – oder Resignation.

Erzherzog Franz Ferdinand:
Tennisspieler und Jäger

Erzherzog Franz Ferdinand (1863–1914), ein Sohn des jüngeren Bruders und damit Neffe Kaiser Franz Josephs, zählt zu den schwierigeren Persönlichkeiten des Kaiserhauses. Mit dem Selbstmord des Kronprinzen Rudolf im Jahre 1889 und dem Tod seines eigenen Vaters, Erzherzog Carl Ludwig, 1896 war er zwar als Thronfolger nachgerückt, von einer engen Beziehung zu seinem kaiserlichen Onkel konnte aber keine Rede sein. Die beiden waren grundverschiedene Charaktere, Franz Ferdinand war dem Kaiser unsympathisch, weshalb er ihm, so gut er konnte, aus dem Weg ging. Ausgerechnet seine Leidenschaft für Tennis sollte jedoch sein Leben verändern – im positiven wie negativen Sinn.

Zu den wenigen Verwandten, zu denen er engen Kontakt hatte, zählte Erzherzog Friedrich aus der Linie Erzherzog Karl. Friedrich war äußerst geschäftstüchtig, hatte seine Apanagen gewinnbringend in zahlreichen Molkereibetrieben angelegt und damit ein Vermögen verdient. Neben Franz Joseph galt er als der vermögendste Habsburger und konnte sich als Habsburger „der zweiten Reihe", der nicht so im Fokus der Öffentlichkeit stand, ein luxuriöseres Leben leisten als jene der regierenden Linie, die immer Bedacht darauf nehmen mussten, Bescheidenheit zu demonstrieren. Er führte mit seiner Frau Isabella von Croÿ-Dülmen ein geselliges Haus und gönnte sich und seiner Familie alles, was damals zu einem mondänen adeligen Leben gehörte. Dazu zählten auch alle neuen Sportarten, die in Mode waren – wie etwa Tennis. Friedrich verfügte daher über einen Tennisplatz und veranstaltete im Freundeskreis regelmäßig große Turniere.

Zu den Fans dieser neuen Sportart zählte auch Erzherzog Franz Ferdinand, der in den späten 1890er-Jahren oftmaliger und gern gesehener Gast bei Friedrich in Pressburg und Halbturn im heutigen Burgenland war. Franz Ferdinand war zu dem Zeitpunkt Mitte 30, hatte eine langwierige schwere Lungenerkrankung überwunden und suchte als Thronfolger dringend eine Gemahlin.

Das war jedoch gar nicht so einfach, denn Franz Ferdinand hatte im Unterschied zu den meisten seiner Verwandten, die sich von ihrem Ehepartner nicht viel erwarteten, hohe Ansprüche. Er wollte nicht, wie in seinen Kreisen üblich, pflichtmäßig eine standesgemäße Prinzessin heiraten, Thronfolger in die Welt setzen und daneben ein Parallelleben mit Geliebter und illegitimen Kinder führen, sondern verlangte nach einer echten Partnerin. Eine solche war seiner Meinung nach jedoch unter den standesgemäßen Kandidatinnen nicht in Sicht. Seiner engen Freundin Nora Fürstin Fugger klagte er: „Es ist ja ein Unglück, daß es gar keine Auswahl unter den heiratsfähigen Prinzessinnen gibt; lauter Kinder, lauter siebzehn- oder achtzehnjährige Piperln, eine schiecher als die andere.“[91]

Anlässlich eines Tennisturnieres bei Erzherzog Friedrich traf der Thronfolger dann jedoch genau jene Frau, die alle seine Vorstellungen erfüllte: Sophie Gräfin Chotek von Chotkowa und Wognin. Unglücklicherweise war sie jedoch keine standesgemäße Partie, denn Sophie entstammte zwar altem böhmischen Adel, war jedoch für ein Mitglied des Kaiserhauses nicht adelig genug und arbeitete noch dazu, da die Familie nicht begütert war, seit 1889 als Hofdame bei Friedrichs Gemahlin Isabella.[92] Frustriert berichtete er seinem Leibarzt Viktor Eisenmenger, der im Laufe seiner Tuberkulosebehandlung auch ein enger Vertrauter geworden war: „Wenn unsereiner jemand gern hat, findet sich immer im Stammbaum irgendeine Kleinigkeit, die die Ehe verbietet, und so kommt es, dass bei uns immer Mann und Frau zwanzigmal miteinander verwandt sind. Das Resultat ist, dass von den Kindern die Hälfte Trottel und Epileptiker sind.“[93] Die beiden wurden heimlich dennoch ein Paar und konnten ihre Liebe zueinander über viele Jahre verheimlichen, doch 1899 änderte ein Missgeschick des Thronfolgers alles.

Isabella war davon ausgegangen, dass die regelmäßigen Besuche des Thronfolgers mit seinem Interesse an einer ihrer acht Töchter zusammenhing. Hocherfreut wähnte sie sich schon als Schwiegermutter des künftigen Kaisers. Eines Tages sah sie ihre Chance gekommen, herauszufinden, für welche ihrer Töchter sich der Thronfolger interessierte. Denn Franz Ferdinand hatte anlässlich eines Tennisspiels sein Medaillon abgenommen, anschließend jedoch am Tennisplatz vergessen. Als ein Bediensteter das Medaillon der Erzherzogin brachte, konnte sie nicht widerstehen. Sie öffnete das Medaillon und war tief erschüttert, dass der Thronfolger nicht das Bildnis einer ihrer Töchter, sondern jenes ihrer Hofdame am Herzen trug. Empört meldete sie dem Kaiser ihre Entdeckung, der den Erzherzog sofort zu sich bestellte. Noch war die Situation beinahe alltäglich und alle hatten erwartet, dass diese unmögliche Liaison damit beendet war, doch es sollte anders kommen. Denn Franz Ferdinand tat die Beziehung nicht als bedeutungsloses Techtelmechtel ab, sondern erklärte dem Kaiser bestimmt und selbstbewusst, zu Sophie Chotek zu stehen und sie heiraten zu wollen.

Diese Ankündigung sorgte bei Hof nicht nur für namenloses Entsetzen, sondern löste eine schwere Krise aus. Franz Joseph war in Standesfragen strikt – vor allem wenn es den Thronfolger und damit künftigen Kaiser betraf. Der Kaiser befürchtete nach dem Skandal um den Selbstmord seines Sohnes Kronprinz Rudolf in Mayerling eine neuerliche Schwächung der Dynastie und verweigerte seine Zustimmung lange Zeit kategorisch. Erst 1900 setzte Franz Ferdinand schließlich eine morganatische Ehe durch und heiratete am 1. Juli im kleinsten Kreis in demonstrativer Abwesenheit der kaiserlichen Familie endlich seine große Liebe. Damit hatte seine Leidenschaft für den Tennissport einerseits eine ernsthafte Krise innerhalb der kaiserlichen Familie und der gesamten Monarchie zur Folge, andererseits auch sein Lebensglück. Die Ehe sollte eine außergewöhnlich glückliche werden und Franz Ferdinand, der von

Zeitgenossen durchwegs als schwieriger und aufbrausender Charakter beschrieben wurde, entpuppte sich als liebevoller, geduldiger Vater, der außergewöhnlich viel Zeit mit seinen Kindern verbrachte, die er so wie auch seine Frau über alles liebte.

Jagdleidenschaft

Der Unterschied zwischen Kaiser Franz Joseph und Thronfolger Franz Ferdinand manifestiert sich auch in ihrer gemeinsamen Leidenschaft, die sie jedoch völlig unterschiedlich handhaben und lebten: der Jagd. Franz Joseph galt als echter Waidmann, der auf die Pirsch ging und für den die traditionelle, verantwortungsvolle Jagd eine Frage der Ehre und oberstes Gebot war. Nicht so Franz Ferdinand, dessen Jagdleidenschaft sich geradezu zu einer Manie entwickelte. Der Erzherzog hatte den Drang, in kürzester Zeit das Maximum an Wild zu erlegen, und interessierte sich nicht für waidmännische Traditionen. Er ließ Straßen durch seine Jagdreviere bauen, um bequem mit dem Automobil zu den entlegensten Hochständen zu gelangen, hatte eine enorme Entourage, die ihm alles vorbereitete und erledigte, außer das Wild zu erlegen, und veranstaltete sogar Gatterjagden, die unter echten Jägern absolut verpönt waren, da sie nichts mit Jagen, sondern nur noch mit dem Abschießen von Tieren zu tun hatten.

Doch Franz Ferdinand interessierte sich nicht wirklich für die Jagd, sondern empfand tatsächlich das Erlegen der Tiere als größte Leidenschaft. Hinter vorgehaltener Hand wurde getuschelt und kopfschüttelnd die Anzahl der toten Tiere weitererzählt, die er bei diesen Gatterjagden, bei der das Wild zusammen- und ihm vor die Flinte getrieben wurde, abschoss. Alleine dafür verachtete Kaiser Franz Joseph seinen Neffen und wollte nichts mit ihm zu tun haben. Im Laufe seines Lebens erlegte Erzherzog Franz Ferdinand die unvorstellbare Summe von knapp 275.000 Tieren, allein 1911 waren es 18.800 Stück Wild, sein „Tagesrekord" lag bei 2763 Möwen.[94] Franz Ferdinand sah in den Großwildjagden auch die Höhepunkte seiner Weltreise, vermerkte in seinem Reisetagebuch vor allem, wie viele exotische Tiere er erlegt hatte, und bedauerte zutiefst, dass es ihm nicht vergönnt war, mit der Bordkanone seiner Jacht Wale zu töten.

Sammelleidenschaft

Legendär ist auch die manische Sammelleidenschaft des Thronfolgers, der über Jahre hinweg unzählige Antiquitäten und Kunstgegenstände für seine Schlösser Belvedere, Artstetten, Konopischt und Blühnbach ankaufte. Befremdlich mutet dabei an, dass ihm die Herkunft der Stücke offenbar gleichgültig war, denn er erwarb sogar eindeutige Hehlerware im großen Stil. So staunten die Beamten des Obersthofmeisteramtes, die seinen Nachlass aufnahmen, nicht schlecht, als sie in Blühnbach eine umfangreiche Sammlung alter Salben- und Ingredienzienbehälter aus Porzellan entdeckten, die Jahre zuvor aus der Hofapotheke in der Stallburg gestohlen worden waren. Von seiner Sammelleidenschaft profitieren allerdings bis heute zahlreiche Museen, darunter das Weltmuseum, dessen Herzstück mit 18.000 Objekten Franz Ferdinands Sammlung seiner Weltreise darstellt, sowie das Naturhistorische Museum mit 14.000 Objekten aus der Sammlung des Thronfolgers.

Thronfolger Erzherzog Franz Ferdinand, Fotografie von Carl Pietzner um 1905, Wien Museum.

Erzherzog Ludwig Salvator:
Erforscher des Mittelmeerraumes

Erzherzog Ludwig Salvator (1847–1915) zählt zweifellos zu den außergewöhnlichsten Habsburgern. Nicht nur was seinen unkonventionellen Lebensstil und sein Privatleben anlangt, sondern auch seine Interessen. Als Sohn des damals noch regierenden Großherzogs der Toskana, Leopold II., in Florenz geboren, genoss er wie alle Familienmitglieder der „Toskana-Linie" eine vergleichsweise liberale Erziehung. Statt auf Etikette und höfische Umgangsformen wurde bei der Erziehung eher Wert auf Bildung, Naturverbundenheit, Weltoffenheit und Sprachen gelegt. Die Kinder wurden in ihrer Neugier, die Welt zu entdecken, gefördert und an eine in ihren Kreisen vergleichsweise bescheidene Lebensweise gewöhnt. Ludwig Salvator – in der Familie „Luigi" genannt – zeigte schon als Jugendlicher eine große Begeisterung für Seereisen, Naturwissenschaften und nutzte eine gesundheitliche Schwäche zu seinen Gunsten. Denn als Erzherzog war eigentlich eine militärische Laufbahn fix vorgegeben – „dank" seiner „angegriffenen Gesundheit" durch chronisches Bronchialasthma wurde er jedoch vom Kaiser „beurlaubt" und nutzte diese Chance.

1867 reiste er erstmals zu den Balearen, war von der wilden Schönheit der Hauptinsel Mallorca und der Liebenswürdigkeit ihrer Bewohner begeistert und sollte das Eiland schließlich zu seiner Wahlheimat machen. Sein wahres Zuhause wurde jedoch seine 51 Meter lange Dampfsegeljacht „Nixe", mit der er samt einer eingeschworenen Gemeinschaft und Mannschaft seine ausgedehnten Forschungsreisen unternahm. So meinte er: „Der Wandertrieb ist dem Menschen angeboren. Nur die so genannte

Zivilisation, die vielen Pflichten, die sich der Mensch auferlegt, brachten ihn zum sesshaften Leben und auf keine Weise kann man diesem natürlichen Instinkt so nachgehen, wie mit Hilfe der Jacht. Man kann die eigene Arbeit, sei sie literarischer, sei sie künstlerischer, sei sie wissenschaftlicher Art, an Bord haben, mit allen hierzu erforderlichen Hilfsmitteln sich derselben tätigst widmen und dabei doch von Zeit zu Zeit das Auge mit neuen Bildern ergötzen, ich möchte sagen zugleich auch den Geist damit erfrischen …"[95] Auf seiner „Nixe" bereiste der Erzherzog jahrzehntelang das Mittelmeer, zumeist in Begleitung einer Entourage von etwa 20 Personen sowie zahlreichen Hunden, Katzen, Vögeln, Affen und allerlei anderen Tieren, sodass das Schiff von Zeitgenossen gelegentlich auch als „Arche Noah" bezeichnet wurde.

Dank der Unterstützung des Kaisers, der seine „chronische Erkrankung" anerkannte und ihn dauerhaft freistellte, konnte er ein Leben nach seinen Vorstellungen führen. Ludwig nutzte diese Freiheit für ausgedehnte Studienreisen und erkannte darin seine Bestimmung. Das war das Leben, das er führen wollte, und dank Franz Joseph, der ihn schätzte und mochte, auch konnte. So wurde seine große Leidenschaft sein Lebensinhalt: die Erforschung des Mittelmeerraumes. Ludwig konzentrierte sich dabei jedoch nicht auf einen Aspekt, sondern war vielmehr an einer gesamtheitlichen Erforschung der Mittelmeerländer interessiert. Natur und Kultur hatten den gleichen Stellenwert, womit seine umfassende Forschung einzigartig ist. Bezeichnend für den wissenschaftlichen Anspruch ist auch die Herangehensweise des Erzherzogs an seine Forschungsarbeit. Es ging ihm nicht darum, seine persönlichen Eindrücke festzuhalten und niederzuschreiben, sondern ein möglichst objektives Bild der betreffenden Region zu zeichnen. Daher entwickelte er eine einmalige Vorgehensweise: An jedem Ort, den er bereiste, verteilte er an ausgewählte einheimische Vertreter des öffentlichen Dienstes, Kulturträger und Wissenschaftler einen von ihm ausgearbeiteten umfangreichen Fragebogen, der nach einiger Zeit wieder eingesammelt und ausgewertet wurde. Diese hundert Seiten umfassenden „Tabulae Ludvicianae" dienten der Erfassung aller relevanten Informationen von archäologischen Funden über Geologie, Flora und Fauna bis hin zu Trachtenkunde und Linguistik. Die „Tabulae" ermöglichten damit detaillierte und umfassende Beschreibungen, die bis heute in ihrer Vielschichtigkeit einmalige Dokumentationen zahlreicher Regionen des gesamten Mittelmeerraumes darstellen. Zusätzlich fertigte Ludwig unzählige Zeichnungen an, die als Illustrationen dienten und sein außergewöhnliches zeichnerisches Talent belegen. Insgesamt verfasste Ludwig Salvator über 70 Bücher, einige davon wurden, als Prachtbände ausgearbeitet, vom bekannten Würzburger Reiseverleger Leo Woerl gedruckt und gelangten damit auch in den Buchhandel.

Die Publikationen wurden in den Zeitungen rezensiert, fanden in wissenschaftlichen Kreisen hohe Anerkennung und führten dazu, dass Ludwig nicht nur ehrenhalber aufgrund seines Namens, sondern seiner Leistung zum Ehrenmitglied zahlreicher Wissenschafts-Akademien ernannt wurde. Ludwigs monografischen Bände sind bis heute wegen ihres Umfangs beeindruckend und gelten sogar in unserer Zeit als wichtige Standardwerke zahlreicher Regionen und Basis heutiger Forschung. Als Beispiel sei hier Ludwigs Abhandlung einer seiner Lieblingsinseln genannt – nämlich jene Zantes, heute als Zakynthos bekannt. So war es Ludwigs Veröffentlichung, die als einzige Quelle bei der Rekonstruktion zahlreicher Bauwerke nach dem großen Erdbeben des Jahres 1953 herangezogen wurde. Ludwig selbst hatte ursprünglich wesentlich bescheidenere Ansprüche und formulierte anlässlich der Publikation „Sommerträumereien am Meeresufer" 1912 das eigentliche Ziel seiner Arbeit: „Viele werden sie mit einem höhnischen Lächeln wegwerfen, manche fein fühlende Seele wird aber dadurch vielleicht zu ähnlichen Träumereien verlockt und dann werden sie ihren Zweck erfüllt haben."[96]

Da es Ludwig darum ging, einen unverfälschten Eindruck der Lebensumstände, Sitten, Gebräuche und Traditionen zu erhalten, trat er niemals als Erzherzog auf, sondern reiste ausschließlich als Ludwig Graf Neudorf und stellte sich meist überhaupt nur als Herr Neudorf vor. Seine

„Mädchen aus Orebić", Zeichnung des Erzherzogs Ludwig Salvator aus seiner Publikation „Die Serben an der Adria", 1870–1878. Ludwig-Salvator-Gesellschaft Wien.

bescheidene Lebensführung und sein unkonventionelles Auftreten führten dazu, dass er auch tatsächlich unerkannt blieb. Ganz im Unterschied zu anderen Verwandten, die zwar ebenfalls unter einem „Pseudonym" reisten, durch ihre Entourage, ihr Auftreten und ihre Ansprüche jedoch sofort als Mitglieder des Kaiserhaues erkannt wurden.

Zwischen seinen Forschungsreisen kehrte Ludwig immer wieder nach Mallorca zurück, wo er im Laufe der Jahre ein wahres Paradies geschaffen hatte. Innerhalb von 30 Jahren hatte er sukzessive einen 16 Kilometer langen und bis zu 10 Kilometer tiefen Küstenabschnitt zwischen den Orten Valldemossa und Deià erworben. Damit sollte das Land in seiner Ursprünglichkeit bewahrt werden. Kein einziger Baum durfte gefällt, kein Haus errichtet werden und alle Tiere, die nicht zu Nahrungszwecken gehalten wurden, konnten hier bis zu ihrem natürlichen Tode ein ungestörtes Leben genießen. Für die Touristen der Zeit, die diesen einzigartigen Küstenstrich erleben wollten, ließ Ludwig Salvator eigens ein Gästehaus einrichten, in dem Reisende drei Tage gratis Logis erhielten. An den schönsten Aussichtspunkten ließ er „Miradores" errichten – kleine ummauerte Plätze mit Sitzbänken, von denen aus man die Schönheit der Küste und den Sonnenuntergang bewundern konnte.

Doch Ludwig verschrieb sich auf Mallorca nicht nur dem Natur- und Artenschutz. Aufgrund seiner Unterstützung vieler Mallorquiner und vor allem seines bodenständigen Auftretens, das nicht nur bescheiden und unkapriziös, sondern frei von jeglichem Standesdünkel war, bleibt Ludwig bis heute legendär. Unzählige Legenden und Geschichten ranken sich um den nach wie vor hochverehrten „Archiduque". Ludwig Salvators Markenzeichen war jedoch seine äußerst nachlässige Kleidung. Er trug abgewetzte Marine-Gehröcke oder einfachste Gewänder, hatte die Manschetten oft mit Spagat zusammengebunden und wurde gelegentlich, auch zu seiner eigenen Belustigung, für einen Schweinehirten, Matrosen, Landarbeiter oder auch Koch gehalten. Demnach saß der Erzherzog auf einer Fahrt durch Ragusa wie so oft wieder einmal am Kutschbock neben dem Kutscher, „während sein Sekretär Antonio Vives und dessen Kinder, alle in weiß gekleidet, im Wageninneren Platz genommen hatten. Der Wagen erweckte die Neugierde der Vorübergehenden und einer von ihnen glaubte, in Antonio Vives den Fürsten, in Ludwig Salvator hingegen den Koch erkannt zu haben. Auf die Frage, wieso er zu diesem Schluss gekommen sei, antwortete dieser: ,Der am Kutschbock Sitzende ist der Dickere, und sein Anzug ist übersät von Flecken.'"[97]

Auch seine Nichte Luise von Toscana erinnerte sich lebhaft an ihren Onkel, den sie in ihren Memoiren als „außergewöhnlich begabten und gescheiten Mann" sowie „selten originelle Persönlichkeit" schilderte: „Er lebt wie ein Bauer, trägt nur Sandalen und weite leinerne Hosen. Seine Hautfarbe ist von der Sonne dunkel kupferrot gebrannt."[98] Selbst seine Familie erkannte ihn nicht immer auf den ersten Blick und so ergab sich folgende amüsante Episode, die der spätere Thronfolger Erzherzog Franz Ferdinand 1885 auf einer Reise in Athen in seinem Tagebuch festhielt: „Ich mietete mir einen Einspänner und fuhr auf die Akropolis … man feierte da die rührendsten Reminiscenzen aus der Studienzeit. Um eine Tempelecke auf der Akropolis biegend, kam mir ein Individuum entgegen, halb Bettler, halb Strolch. Ich griff wegen des verdächtigen Aussehens zu meinem Stock, als sich mir derselbe grinsend näherte und ich zu meinem nicht geringen Schrecken meinen Vetter Ludwig von Toscana aus dem ja so berühmten Geschlecht der Toscana erkenne, der mir erzählte, er sei hier auf Studienreise durch das mittelländische Meer und freue sich sehr, mich nach einem Zeitraum von fünf Jahren wiederzusehen. Meine Freude über dieses unerwartete Zusammentreffen war aber eine sehr geringe, ich trachtete sobald als möglich aus seiner Nähe zu kommen und ließ ihn alleine weiter studienreisen …"[99]

„Luigi" besaß eine einzige Uniform, die er bei allen Familienzusammenkünften und offiziellen Anlässen des Wiener Hofes trug und die – wohl auch, da er stets nur mit einer kleinen Reisetasche anreiste, in die die Uniform gestopft war – immer völlig zerknittert war. Zum Getuschel und den hämischen Bemerkungen der Hofgesellschaft meinte er jedoch gelassen: „Lieber vielfältig als einfältig!"[100]

Ludwig hatte zweifellos eine Sonderstellung innerhalb der kaiserlichen Familie, was insofern außergewöhnlich ist, als Franz Joseph normalerweise kein Verständnis für persönliche Interessen und extravagante Lebensvorstellungen seiner Verwandten zeigte. Doch ausgerechnet „Luigi" galt als einer der Lieblingsverwandten des Kaisers. Franz Joseph schätzte ihn als kluge und gebildete Persönlichkeit, sah daher über seine unangepasste Lebensart und alle Tratschgeschichten hinweg und ermöglichte ihm ein freies Leben.

Gerade Ludwigs demonstrative Unangepasstheit und sein Leben abseits des Wiener Hofes machten ihn für eine Verwandte besonders interessant: Kaiserin Elisabeth. Die beiden schätzten einander und je heftiger Ludwig Salvator wegen seines Erscheinungsbildes und der nicht standesgemäßen Lebensweise bei Hof kritisiert wurde, desto sympathischer wurde er ihr. Demonstrativ hing daher im Turn- und Toilettezimmer der Kaiserin ein Porträt Ludwigs als einzigem Habsburger – abgesehen von Kaiser Franz Joseph. Die zwei trafen sich auch immer wieder auf ihren Reisen, beide liebten das Mittelmeer, Seereisen, die Antike und Griechenland. Ludwig kam öfter zu Besuch ins Achilleion, das griechische Refugium der Kaiserin auf Korfu. Im Winter 1892/93 besuchte ihn Elisabeth auf Mallorca und zeigte sich von Ludwigs Residenz genauso beeindruckt wie von seiner Arbeit. Ludwig gehörte zu den wenigen Vertrauten der Kaiserin innerhalb der kaiserlichen Familie und nahm auch da eine Sonderstellung ein.

Ludwig Salvator ist neben Erzherzog Johann der einzige Habsburger, der sein gesamtes Leben der Forschung und Wissenschaft widmete. Er hatte zwar das Glück, dass er die Möglichkeit erhielt, seiner Leidenschaft nachzugehen, doch er nutzte diese seltene Chance auch und betrieb seine lebenslangen Forschungen auch absolut professionell. Gleichzeitig vergaß er jedoch niemals auf seine Pflichten als Mitglied des Kaiserhauses und kam zwar „verwahrlost" aussehend, aber pünktlich zu allen repräsentativen Anlässen der Monarchie, zu denen die gesamte Familie erscheinen musste. So gab er dem Kaiser, der als Familienoberhaupt über das Leben und den Aufenthaltsort seiner Verwandtschaft bestimmen konnte, niemals Anlass, sich über ihn zu ärgern, und erreichte damit, dass ihm Franz Joseph seine Sonderstellung ein Leben lang zubilligte.

Außergewöhnlich war auch das Privatleben des Erzherzogs, der niemals verheiratet und bisexuell war. Neben seinem langjährigen Sekretär, Begleiter und Freund Antonio Vives gab es zwei Frauen, die sein Leben prägten. Einen besonderen Stellenwert hatte Catalina Homar, die Tochter eines mallorquinischen Tischlers, die, von Ludwig gefördert, eine exzellente Ausbildung genoss, mehrere Sprachen erlernte und zur Verwalterin seines Weinguts „S'Estaca" avancierte. Viele Jahre an seiner Seite war auch die Venezianerin Antonietta Lancerotto, die ihn auch auf all seinen Reisen begleitete und in dieser Zeit zwei Töchter zur Welt brachte. Um den Schein zu wahren, wurde sie kurzerhand mit einem Matrosen der Schiffsbesatzung verheiratet, so wie auch Ludwigs langjähriger Freund Antonio Vives zweimal verheiratet war und vier Kinder hatte. Als Ludwig 1915 starb, war Vives sein Alleinerbe. Da er jedoch kurz danach verstarb, sollten seine Kinder die Erben des Erzherzogs werden.

Erzherzog Otto:
Frauenheld und Innenarchitekt

Nicht alle Habsburger interessierten sich für moderne Technologien, Wissenschaft, Kunst, Politik oder andere Bereiche. Erzherzog Otto (1865–1906), ein Neffe Kaiser Franz Josephs und Vater des letzten österreichischen Kaisers Karl I., investierte seine Apanage in Gelage, seine Affären und die daraus hervorgehenden vier außerehelichen Kinder. Seine Eskapaden blieben jedoch nicht ohne Folgen und der einstmals „fesche Erzherzog" starb entstellt und zurückgezogen 1906 an Syphilis.

Erzherzog Otto gilt bis heute als bekanntester Lebemann unter den Habsburgern. „Bolla", wie er im Familienkreis genannt wurde, war 1886 für seinen älteren Bruder Erzherzog Franz Ferdinand eingesprungen und hatte die sächsische Königstochter Maria Josefa geehelicht, nachdem Franz Ferdinand sich geweigert hatte, die in seinen Augen unattraktive Prinzessin zu heiraten. Um die peinliche Situation, die Franz Ferdinand damit heraufbeschworen hatte, zu entschärfen, wurde Otto, wie Erzherzog Leopold Ferdinand in seinen Memoiren schilderte, „… unter Alkohol gehalten, was ja nicht schwer zu erreichen war …", und machte einen offiziellen Antrag, den Josefas Vater sofort annahm, womit die Hochzeit besiegelt war.[101]

Obwohl von beiden Seiten keinerlei romantische Erwartungen in sie gesetzt wurde, verlief die Ehe denkbar schlecht. Josefa war streng gläubig und fromm, der Erzherzog führte sein Leben als Frauenheld fort. Der „schöne Erzherzog", wie der attraktive, charmante und lebenslustige Otto in Wien genannt wurde, sorgte für allerlei Skandale. So wurde u.a. erzählt, Otto wäre im Anschluss an eines seiner Trinkgelage spätnachts mit seinen Zechkumpanen zu seinem Haus gezogen und hätte versucht, in das Schlafzimmer seiner entsetzten Frau einzudringen, um seinen Freunden „eine Nonne" zu zeigen.

Für den berühmtesten Skandal sorgte sein Auftritt im renommierten Hotel Sacher, in dem sich die Wiener Gesellschaft nicht nur zum Tee oder zu politischen Gesprächen traf. Das Sacher war auch für seine Separees bekannt, in denen man ungestört mit der Dame seines Herzens dinieren oder soupieren konnte. Im Zuge eines Gelages erschien Otto eines Tages mit nichts anderem als einem Säbel bekleidet im Korridor des Hotels und erschreckte mit diesem freizügigen Auftritt die Gäste. Darunter befanden sich auch der britische Botschafter und seine Gemahlin, die dermaßen entsetzt über den Auftritt des Erzherzogs waren, dass der Botschafter zunächst im Außenministerium sowie beim Polizeipräsidenten eine offizielle Beschwerde einlegte. Nachdem er jedoch keine Reaktion erhielt, suchte er schließlich sogar um eine Audienz bei Kaiser Franz Joseph an und berichtete ihm vom Vorfall. Franz Joseph verfügte einen zweimonatigen Arrest Ottos in einem oberösterreichischen Kloster. Eugen Ketterl, der Leibkammerdiener des Kaisers, hielt in seinen Memoiren fest, dass der erzwungene Aufenthalt des Erzherzogs im Kloster allerdings „nicht sehr tragisch" verlief, sondern nur der Weinkeller darunter litt, denn „als der erlauchte Häftling wieder der Welt zurückgegeben wurde, wies das Weinlager klaffende Lücken auf".[102]

Ottos Eskapaden waren in Wien immer wieder Stadtgespräch: „Er kneipte in voller Uniform in den verrufensten Lokalen mit feilen Dirnen oder veranstaltete wüste Gelage in den abgeschlossenen Räumen einzelner Hotels, wo es in einer Weise zuging, die das schamloseste aus der Zeit des tiefsten Verfalles des römischen Kaisertums vollends in den Schatten stellte."[103] Auch aus seinen zahlreichen Affären und Liebschaften machte Otto keinen Hehl und stellte den Damen seines Wohlgefallens auch nach. Mit zwei Frauen verband ihn jedoch eine längere Liaison, mit der Tänzerin Marie Schleinzer, mit der er zwei Kinder hatte, und der Sängerin Luise Robinson.

Die bislang unbeachteten Memoiren seiner letzten Geliebten Luise Robinson werfen jedoch ein ganz neues Licht auf den „Lebemann" Otto und offenbaren auch bislang unbekannte Leidenschaften und Talente des Erzherzogs. Luise schilderte Otto darin als charmanten „Bonvivant", darüber hinaus thematisierte sie auch seine immer wiederkehrenden Depressionen und Verzweiflung, die er nach außen durch besondere Fröhlichkeit, Gelage und viel Alkohol zu verbergen und „wegzuspülen" suchte. Er galt nicht nur als großzügiger, fröhlicher und trinkfester Gastgeber, sondern unterhielt seine Freunde auch gern mit Parodien aller bekannten Persönlichkeiten der Wiener Gesellschaft – sogar seiner eigenen Familie.

Doch die gute Laune täuschte über große Selbstzweifel hinweg. Otto litt unter seiner bedeutungslosen Stellung und stand zudem sein ganzes Leben in Konkurrenz zu seinem älteren Bruder Franz Ferdinand, der nach dem Tod des Kronprinzen Rudolf zum Thronfolger avancierte. Die Brüder waren nicht nur unterschiedlich, sondern sich sogar fremd und mieden jeglichen Kontakt. Dass Kaiser Franz Joseph I. sich mit Otto wesentlich besser verstand und jeder wusste, wie sehr der Kaiser bedauerte, dass Franz Ferdinand als sein ältester Neffe als Thronfolger notgedrungen war, belastete ihre Beziehung zusätzlich.

Otto galt als eloquenter, umgänglicher, charmanter und war auch in der Bevölkerung wesentlich beliebter. Doch die eindeutigen Thronfolgebestimmungen waren für Franz Joseph als Traditionalisten unumstößlich. Andere Habsburger fanden sich leichter mit ihrer durch die Familiengesetze erzwungenen Tatenlosigkeit ab und richteten sich in ihrem bequemen Leben gut ein. Otto scheint jedoch als intelligenter Mensch mehr darunter gelitten zu haben, als man nach außen hin bemerkte, und so ging er als oberflächlicher, vergnügungssüchtiger Schürzenjäger in die Geschichte ein. Seine resignierte Feststellung „Die Leut' wissen gar net daß ich wirklich was kann"[104] zeugt jedoch von tiefer Frustration und Verzweiflung. Schon am Beginn seiner Beziehung zu Luise Robinson beklagte er nicht nur seine Stellung, sondern auch die Vorurteile ihm gegenüber: „Weißt, Luisel, das hat mich immer so rasend geärgert, daß die

Leut' von unsereinem so gar nichts halten. Sie glauben, wir interessieren uns nur für Weiber und Pferde ... Aber schließlich ist man selber doch wer, ist man doch nicht ganz leer wie eine unmöblierte Wohnung. Glaubst du, es weiß irgendein Wiener, daß ich ein ganz tüchtiger Architekt bin? Hab' ich denn darauf studieren dürfen, hab' ich Prüfungen abgelegt? Hab' ich überhaupt was Nützliches gelernt? Man hat mich mit Dingen gequält, die ich nicht verstand, und die ich schon längst verschwitzt hab'. Aber wer hat jemals gefragt, was ich bin und was mir Freud' macht?"[105]

Hätte Otto frei wählen dürfen, hätte er demnach gerne Architektur studiert und wäre am liebsten Innenarchitekt geworden. So beschränkte er sich darauf, alle seine privaten Residenzen – und auch die Villa in Döbling, in der er mit Luise zusammenlebte – einzurichten. Besonders stolz war er auf den Umbau, die Ausstattung und Einrichtung seines Schlosses Schönau nahe Wien. So wie auch sein Onkel Kaiser Franz Joseph war er zudem ein äußerst begabter Zeichner und verbrachte Stunden damit, zu zeichnen. Talentiert war er vor allem im Anfertigen von Karikaturen und hatte die Angewohnheit, besondere Ereignisse, Gedanken und Erlebnisse umgehend in schnell hingeworfenen Karikaturen festzuhalten. Luise erinnerte sich: „Erzherzog Otto war, wie gesagt, ein leidenschaftlicher Karikaturist. Beinahe kein Mitglied des Herrscherhauses blieb von seinem Stift verschont, auch der Kaiser nicht, für den er, wie ich schon erwähnte, noch den größten Respekt aufbrachte. Ich habe einmal ein Zeichenblatt gesehen, wo der Kaiser dem Erzherzog Otto, der in vorschriftswidriger Uniform erschienen war, den Knopf herunterriß, dann Nadel und Zwirn aus der Tasche nahm und einen neuen, richtigen Knopf annähte. Darunter stand geschrieben: ,Ich muß alles selber in meinem Reiche machen.' Bei Erzherzog Franz Ferdinand, seinem Bruder, amüsierte ihn am meisten die Ungeduld. Er zeichnete ihn neben seiner verzweifelt dreinblickenden Frau auf der Mariahilferstraße stehend, die der Kaiser täglich auf seinem üblichen Wege von Schönbrunn in die Hofburg durchfuhr. Der Hofwagen saust gerade vorüber: ,Schrecklich,

schrecklich' so lautete der Text, ‚jeden Tag passiert da ein Zusammen-stoß und nie ist's der richtige.' Das liebste Karikaturobjekt war ihm der Bruder des Kaisers, sein eigener Onkel, Erzherzog Ludwig Victor. Dieser hatte eine verbotene Erotik. Man kann heut ganz ruhig darüber schreiben, seine Passionen waren schon zu seinen Lebzeiten stadtbekannt, er war homosexuell. Dabei hatte er furchtbare Angst vor dem Kaiser, vor irgendeiner Affäre, in deren Mittelpunkt er geschoben werden könnte, vor Indiskretionen und vor den damit zusammenhängenden Strafversetzun-gen. Er konnte aber seine Neigungen nicht zügeln. Man sah ihn allzu oft in öffentlichen Bädern, immer in verdächtiger Nähe junger Burschen. Eine damit zusammenhängende Situation hatte auch Erzherzog Otto mit seinem Stift festgehalten. Man sah den Erzherzog Ludwig Viktor im Da-menbad mit Gazeröckchen bekleidet, wie sie damals die Balletteusen tru-gen, mit den Beinen im Wasser, mit einem Feldstecher ins Männerbassin hinüberblickend. Die Badeanstalt, in der sich dies zutrug, kennzeichnete folgende Inschrift: ‚Für Damen und für den Erzherzog Ludwig Viktor.'"[106]

So leidenschaftlich sich Otto für Themen und Menschen, die ihm nahestanden, begeistern konnte, so leidenschaftlich empörte er sich auch über ihm unsympathische Menschen. Besonders kritisch stand er schein-heiligen „Pfaffen" gegenüber, die sich seiner Meinung nach an viele Fami-lienmitglieder herandrängten, nur um Einfluss zu gewinnen, und bedau-erte vor allem seine frömmelnden weiblichen Verwandten – so auch seine Schwester Maria Annunziata sowie Erzherzogin Margarete, die seiner Meinung nach durch ihre übertriebene Frömmigkeit sogar ihr Leben verloren hatte. So erzählte er Luise: „Sie (Anm. Annunziata) ist nur lei-der, so setzte er fort, gar zu fromm. Sie ist immer mit den Pfaffen bei-sammen. Dabei sag' ich ihr immer, denk' an das Schicksal der armen Margaret. Die ist, wie du weißt, an Typhus gestorben, weil sie in einer Wallfahrtskirche eine Reliquie abg'schleckt und sich damit infiziert hat. Muß dieser Hokuspokus sein?"[107]

Otto demnach allein auf sein Image als Schürzenjäger und Hedonist zu reduzieren, wird ihm nicht gerecht. Dennoch darf gleichzeitig eines nicht vergessen werden: Auch wenn viele Habsburger ihre Stellung beklagten und immer wieder betonten, dass sie gerne studiert, einen Beruf ergriffen und etwas Sinnvolles geleistet hätten – die theoretische Möglichkeit hätten sie gehabt. Sie hätten aus dem Kaiserhaus austreten und ein „normales" bürgerliches Leben realisieren können. Doch das trauten sich im Endeffekt die wenigsten. Schließlich war das privilegierte und finanziell völlig sorgenfreie Leben verlockender als die Mühen des Alltags. Hinzu kommt, dass den Habsburgern gar nicht bewusst war, wie privilegiert sie lebten und sie daher keine Ahnung vom „normalen" Leben hatten. Die wenigen Habsburger, die tatsächlich aus der Familie austraten, ersehnten ein „freies" Leben, erwiesen sich jedoch allesamt nicht nur als weltfremd, sondern sogar als völlig unfähig, ihr Leben selbst zu organisieren und einer geregelten Arbeit nachzugehen. Auch das oft zitierte angestrebte Studium konnte kein Habsburger abschließen. Am Ende stellte es sich dann doch als zu aufwendig, zeitintensiv und herausfordernd heraus.

Der tragische frühe Tod Ottos, der 1906 schwer von seiner Krankheit gezeichnet an Syphilis starb, hat sicher wesentlich zu seinem Image als zügellosem und skandalumwittertem Erzherzog beigetragen. Fest steht, dass er in der Rezeption stets auf seinen Ruf als „Womanizer", der für sein leidenschaftliches und ausschweifendes Leben den Preis zahlen musste, reduziert wird – ob zu Recht oder Unrecht, lässt sich nicht eindeutig beantworten.

Erzherzog Rainer:
Papyrus-Sammler

Als erster – und kurzzeitiger – konstitutioneller Ministerpräsident ist
Erzherzog Rainer (1827–1923) in Vergessenheit geraten, sein Name ist
jedoch mit einer Sammlung verbunden, die zum UNESCO-Weltkulturerbe zählt: der Papyrussammlung, die heute seinen Namen trägt und dank
ihm in der Österreichischen Nationalbibliothek in Wien zu sehen ist.

Als Sohn des damaligen Vizekönigs des Königreichs Lombardo-
Venetien, Erzherzog Rainer (der Ältere), wuchs Rainer in Mailand auf
und wurde im Geiste seines liberalen Großvaters Leopold II. erzogen.
Mit seiner Volljährigkeit übersiedelte er nach Wien, um hier seine für
einen Erzherzog unumgängliche militärische Ausbildung zu absolvieren.
Als sich Kaiser Franz Joseph im Zuge der herben Verluste italienischer
Gebiete gezwungen sah, Änderungen des Staatsaufbaus vorzunehmen,
schlug Rainers große politische Stunde. Im Gegenzug zur Einwilligung
des Kaisers, eine Verfassung zu akzeptieren und den Reichsrat tatsächlich einzuberufen, sollte dennoch ein Vertreter des Kaiserhauses den
Vorsitz übernehmen. Dafür brachte der Kaiser geschickt den als liberal
geltenden Rainer ins Spiel. In den Verhandlungen mit Anton Schmerling,
der die Verfassung ausarbeiten sollte, sollte Rainer als „Präsident der Mi-
nisterkonferenz" – also Ministerpräsident – die Interessen des Kaiserhauses vertreten. Rainer nahm seine Rolle durchaus ernst und die vier-
jährige Zusammenarbeit mit Schmerling war von gegenseitigem Respekt und Wertschätzung geprägt.

Differenzen mit dem Kaiser führten schließlich zu Rainers Rückzug
aus der Politik. Von da an sollte er sich nur noch seiner großen Leiden-

schaft widmen: Kunst und Kultur. In den folgenden Jahren arbeitete er intensiv an der Umsetzung seiner musealen Visionen und gründete mit dem Kunsthistoriker Rudolf Eitelberger das k.k. Österreichische Museum für Kunst und Industrie, heute MAK – Museum für angewandte Kunst. Daneben fungierte er als Kurator der kaiserlichen Akademie der Wissenschaften und setzte nicht nur höhere Förderungen durch, sondern vermittelte auch Forschungsaufträge und deren Finanzierung.

Faszination Papyri

Im Winter 1877/78 fanden ägyptische Bauern in der Provinz Fayum einen umfangreichen Bestand an Papyri und boten sie Händlern zum Kauf an. Als der Wiener Orientalist und Papyrus-Experte Josef Karabacek vom sensationellen Fund erfuhr, war für ihn bald klar, an wen er sich wenden musste, um einen finanzkräftigen Verbündeten für den Ankauf zu finden: Erzherzog Rainer. Dieser erkannte umgehend die Bedeutung des Fundes und versprach Karabacek seine Unterstützung, den Bestand für Wien zu sichern. Das Besondere an der Sammlung war nicht nur, dass sie mit über 100.000 Dokumenten den bis heute größten Papyrus-Bestand weltweit darstellte, sondern auch ihre Vielfältigkeit. Denn die Schriftstücke reichen vom 15. Jahrhundert v. Chr. bis ins 16. Jahrhundert n. Chr. und vereinen historisch wertvolle Texte aus verschiedensten Kulturbereichen. Nach dem ersten Ankauf wurde die Sammlung über viele Jahre immer wieder durch neue Ankäufe erweitert, sodass sie mit 180.000 Objekten aus 3000 Jahren ägyptischer Kulturgeschichte die bedeutendste ihrer Art ist. Die Schriftstücke dokumentieren alle Sprachen und Schriften, die in der wechselhaften Geschichte des Landes am Nil seit dem pharaonischen Reich verwendet wurden. So sind nicht nur Texte in arabischer, griechischer und koptischer Sprache enthalten, sondern auch hebräische, aramäische, syrische und lateinische. Hinzu kommen zahlreiche Urkunden in persischer Sprache, die die Vielsprachigkeit und wechselvolle Geschichte des Landes dokumentieren.

Einzigartig ist dabei auch die Heterogenität, denn die Sammlung vereint Gesetzestexte, Verträge, Amulette gegen Dämonen, Rezepte für Liebeszauber, medizinische Rezepturen für Abführmittel und Zahnpasta bis hin zu Texten zur Biersteuer und nicht zuletzt einen Papyrus, auf dem ein Teil des Johannesevangeliums aufgezeichnet ist.

Auch wenn Erzherzog Rainer also nicht selbst als Papyrus-Forscher, -Entdecker und -Sammler anzusehen ist, gilt er dennoch zu Recht durch seine gezielten Ankäufe als Mitbegründer der Wiener Papyrussammlung. Denn ohne seine Unterstützung wäre dieser einmalige Schatz wohl nicht in seiner Gesamtheit erhalten geblieben und stünde vielleicht nicht einmal mehr der Forschung zu Verfügung. Dass Geld ein wesentlicher Faktor in der Sicherung historisch bedeutender Kulturgüter war (und ist), macht ein Brief des Teppichhändlers Theodor Graf an Josef Karabacek aus dem Jahre 1887 deutlich. So schrieb er: „Es liegt da noch mancher Schatz in der Erde begraben und braucht es eben nur Geld um denselben zu heben!"[108] Im Fall dieser einmaligen Schätze der Menschheitsgeschichte war die Kooperation zwischen Erzherzog Rainer, Karabacek und Graf letztendlich eine sinnvolle, selbst wenn ambivalente Aspekte damit verbunden sind: Entdeckerdrang, Faszination, Leidenschaft, wissenschaftliche Neugier, aber auch ein imperialistisch geprägter Blick, die Hoffnung auf lukrative Geschäfte, Streben nach Anerkennung sowie übersteigerter Nationalismus.[109]

Doch diese Ambivalenz muss im historischen Kontext gesehen werden. Die Beteiligten arbeiteten zweifellos aus unterschiedlichen Gründen Hand in Hand, trugen aber schlussendlich dazu bei, den Bestand für die Nachwelt und Forschung zu erhalten: Karabacek als Koryphäe seines Faches, der sein Leben der Suche, Sicherung und Erforschung der Papyri und Schriftzeugnisse alter Kulturen widmete, Graf als sein Partner, Vermittler und Organisator vor Ort und schließlich Erzherzog Rainer, der all das durch seine Ankäufe nicht nur finanziell unterstützte, sondern überhaupt erst möglich machte. Seine Ankäufe zwischen 1883 und 1897 bildeten den Grundstock des Bestandes der Papyrussammlung der Österreichischen Nationalbibliothek, womit Rainer durchaus als „Producer" der Sammlung und vor allem des Museums bezeichnet werden darf. Der Bestand zeichnet sich neben seiner Vielzahl an Sprachen und Schriften auch durch unterschiedlichste Schriftträger aus antiker bis mittelalterlicher Zeit aus und Erzherzog Rainer schrieb zufrieden an Karabacek: „Das Ergebniß ist ein höchst erfreuliches, der Zweck den ich mit dem Ankaufe verband, wird auf dem eingeschlagenen Wege auch erreicht."[110]

Mit der Gründung der Sammlung „Papyrus Erzherzog Rainer" wurde die Basis einer der weltweit bedeutendsten Sammlungen gelegt. Denn bis heute gilt diese Kollektion als herausragend und zählt daher seit 2001 zum UNESCO-Weltkulturerbe. Im Wiener Papyrusmuseum der Österreichischen Nationalbibliothek, das in der Neuen Burg beheimatet ist, werden die Highlights präsentiert.

Erzherzog Rainer, Fotografie Atelier Adele 1869, Wien Museum.

Erzherzog Ernst:
Spieler

Wie tragisch und dramatisch Leidenschaften, die zur Sucht wurden, für die ganze Familie enden konnten, zeigt das Beispiel Erzherzog Ernsts (1824–1899).

Der Sohn Erzherzog Rainers, des Vizekönigs der Lombardei, führte zunächst das bekannte Leben eines Erzherzogs: Er absolvierte eine militärische Ausbildung und verfolgte eine bescheidene militärische Laufbahn. Am Beginn der tragischen Wende in seinem Leben stand der Tod seiner Frau, Laura Skublics de Velike et Bessenyö, die er 1858 heimlich in Laibach geheiratet hatte, nachdem sie nicht standesgemäß und noch dazu bereits geschieden war. Das Paar gründete eine Familie und lebte ein zurückgezogenes, glückliches Leben. Laura erkrankte jedoch nach einigen Jahren an Krebs und verstarb, woraufhin die gemeinsamen vier Kinder in Internaten untergebracht wurden. Hier wurden sie immer wieder von ihrem Vater besucht und verbrachten auch alle Ferien mit und bei ihm. Eines Tages wurde ihnen aber mitgeteilt, dass der Erzherzog nicht ihr Vater sei und sie nie wieder von ihm sprechen dürften. Die verstörten Kinder waren geschockt und konnten nicht verstehen, was passiert war und warum sie plötzlich von ihrem Vater verleugnet wurden. Der traurige Grund dieser für alle Beteiligten traumatischen Zäsur in ihrem Leben lag in der „Leidenschaft" ihres Vaters, der nach dem Tod seiner Frau Trost im Glücksspiel gesucht hatte und spielsüchtig geworden war.

Die radikale Wende hing also mit den enormen Schulden Erzherzog Ernsts zusammen, die 1873 Millionenhöhe erreicht hatten. Den Hauptteil machten Spielschulden aus, dazu war jedoch gekommen, dass Ernst nach dem Tod seiner Frau wechselnde Geliebte ausgestattet und abgefunden hatte – und auch damit enorme Schulden angehäuft hatte. Mit seinem regen Liebesleben sorgte er im Informationsbüro für einen ähnlich umfangreichen Akt wie Erzherzog Otto: „Unterhält seit einem Jahre in Graz ein Verhältnis mit einem angeblich nach Ollmütz zuständigen Freudenmädchen namens ‚Oel Pepi'. Kaufte ihr die Investione einer Modistin, später eine schöne Villa und Equipage, in welcher sie mit Offizieren kutschierte und sich von letzteren, namentlich Husaren – auch mit Champagner traktieren ließ. (Ist sehr putzzüchtig.) Skandalmacherin. Soll von der Polizei aus Graz ausgewiesen worden sein u. z. wegen Aneignung des Titels einer Gräfin und Führung eines adeligen Wappens auf ihrem Wagenschlag.“[111] Nachdem Ernst seine Geliebte mit seinem Adjutanten in flagranti ertappt hatte, trennte er sich von ihr, sah sich jedoch gezwungen, noch ihre Schulden zu begleichen: „E.H. Ernst soll in Graz noch manche Schuld für die ehemalige Modistin Leitner zu bezahlen haben. Ein Grazer Advokat will sich diesfalls an den Wiener Polizei-Coär. Breitenfeld wenden, da dieser mit der Abwicklung solcher Geschäfte betraut sei.“[112]

Der Hof sprang ein und Ernst erhielt ein Darlehen von 200.000 Gulden aus dem „Ah. Privat- und Familienfond“. Doch bereits kurze Zeit darauf sah er sich wieder in der Situation, für die Schulden seiner neuen Geliebten aufkommen zu müssen: „E.H. Ernst hat eine neue Liaison mit der Schauspielerin Helm, welche ihn viel Geld kostet. Sie spielt am Badener Theater.“[113] Ein Jahr darauf hieß es: „E.H. Ernst sucht durch den Gfn. Strachwitz und den Dr. Glandinger 20.000 fl aufzunehmen u. z. zur Begleichung der Schulden nach der Ellinor v. Helmstadt.“[114]

Einige Monate später wurde dem Informationsbüro wiederum gemeldet: „Nachdem E.H. Ernst seine frühere Geliebte durch Schenkung resp. Ankauf der Müller'schen Häuser in der Laudon-Gasse abgefertigt hat, unterhält er jetzt mit der Oberleutnant Witwe Frank, vulgo Baronin Frank ein Liebesverhältnis, das ihn bereits bei 100.000 fl gekostet haben dürfte. Mme. Frank ist eine Cousine des Grf. Strachwitz, der für den H. E. H. gewöhnlich Gelder aufnimmt."[115]

Da seine Besitztümer wie Schloss Schönkirchen längst verkauft waren, versuchte der Erzherzog also über seinen Freund Graf Strachwitz an Geld zu kommen. Er verlor jedoch offenbar den Überblick über seine Schulden, sodass die Situation 1873 schließlich eskalierte: „Der Agent Carl Steiner versicherte, dass die Gesamtschulden Sr. Hoheit mehr als anderthalb Millionen ausmachen. Der E.H. habe fast in der ganzen Monarchie Gläubiger; die meisten in Wien Prag und Brünn. Seiner M. dem Kaiser habe er bloß 1 Million angegeben. Seine Hausleute trösten die Gläubiger mit der Aussicht auf Beerbung des Kaisers Ferdinand u E.H. Albrecht."[116]

Um ihn vor der Aufnahme immer neuer Schulden zu schützen bzw. ihn daran zu hindern, wurde Ernst unter Aufsicht gestellt – doch umsonst: „Der in einem Schlösschen in Böhmen wegen seines leichtsinnigen Gebahrens von S.M. dem Kaiser auf zwei Jahre u. zwar unter Aufsicht eines kk Artillerie Hauptmanns relegierte (verwiesene) Erzhzg Ernst soll seit drei Tagen in seinem Verbannungsorte vermisst werden. Es soll einem Agenten gelungen sein dem Erzherzoge 10.000 auf einen Wechsel vorzustrecken, womit sich der Verbannte zur Flucht ins Ausland verholfen hätte. Überhaupt beschäftigen sich die Wucherer noch immer mit dem Erzherzoge und wurden ungeachtet dass der A. Hof mehr als eine Million Schuldschein eingelöst hat, fort solche nahezu jede Woche in Zirkulation gesetzt."[117]

Den Rest seines Lebens blieb der Erzherzog unter Aufsicht gestellt und streng bewacht, lebte zunächst in Bozen im Haus seines Bruders Heinrich und nach dessen Tod im Schloss Arco im Trentino. Selbst nach seinem Tod 1899 tauchten weiterhin immense Forderungen auf – so wurden noch im Jahre 1900 Schulden in der Höhe von 60.000 Gulden aus dem Allerhöchsten Privat- und Familienfond beglichen.[118] Welche Gründe dazu führten, dass Ernst nicht nur den Kontakt zu seinen Kindern abbrechen, sondern sie sogar verleugnen musste, geht aus den Quellen nicht eindeutig hervor. Es ist jedoch anzunehmen, dass das Kaiserhaus, das immerhin umgerechnet über 13 Millionen Euro beglichen hatte, zumindest etwaige Erbansprüche der Kinder ausschließen wollte. Für ihre Erziehung und Ausbildung kam weiterhin die Familie ihres Onkels Erzherzog Rainer auf, zu ihrem Vater durften sie jedoch keinen Kontakt mehr haben.

Erzherzog Ernst, Lithografie von Eduard Kaiser, Wien Museum.

Erzherzogin Isabella:
Fotografin

Erzherzogin Isabella bei der Aufnahme einer Fotografie von Familienmitgliedern im Park des Schlosses Halbturn. Privatbesitz.

Erzherzogin Isabella (1856–1931), geborene Croÿ-Dülmen und Gemahlin Erzherzog Friedrichs, befand sich in einer komfortablen Lage: Ihr Mann war als Besitzer großer Molkereibetriebe einer der vermögendsten Habsburger, und da sie in eine Nebenlinie eingeheiratet hatte, waren auch ihre repräsentativen Verpflichtungen überschaubar. So hatte sie Zeit, sich ihrer großen Leidenschaft zu widmen: der Fotografie. Ihr Faible für Fotografie ist ab dem Jahr 1887 belegt – so berichtete die „Photographische Rundschau", dass Kronprinzessin Stephanie und Erzherzogin Isabella im Dezember 1887 in der R. Lechner'schen Hofbuchhandlung einen „photographischen Apparat" kauften und sich auch gleich in der Handhabung unterrichten ließen.[119]

Isabella entwickelte sich zu einer begeisterten Fotografin, die nicht nur den Lebensstil der Hocharistokratie in der k.u.k. Monarchie festhielt, sondern auch mit großem Enthusiasmus die Landschaft und Alltagskultur ihrer ungarischen Wahlheimat dokumentierte. Zahlreiche Fotografien von Landsleuten in lokaler Tracht wurden in ungarischen Wochenillustrierten veröffentlicht, ab 1904 wurden auch immer wieder Fotografien der Erzherzogin in Fotofachzeitschriften publiziert.[120]

Isabella war aber nicht nur eine der ersten Fotografinnen ihrer Zeit, sondern hatte den Ehrgeiz, das Handwerk von Grund auf und richtig zu erlernen. Mit Moriz Nähr engagierte sie einen der bekanntesten Fotografen ihrer Zeit als Privatlehrer, der sie die damals noch komplizierte Technik lehrte und sie auch hinsichtlich Motivik, Bildausschnitt, Beleuchtung und Ausarbeitung schulte. So entstanden hochprofessionelle Fotos, die weit über klassische Hobbyfotos hinausgingen. Schließlich wurden auch Zeitungen auf Isabella aufmerksam, die als Chronistin in zahlreichen Serien die Lebensbedingungen und den Alltag der bäuerlichen Bevölkerung rund um Pressburg und das damals noch zu Ungarn gehörende Schloss Halbturn aufnahm. Zahlreiche Fotos wurden von Fachzeitschriften publiziert und in Fachkreisen anerkannt.

Interessant sind die Fotografien aber auch aus historischer Sicht, denn sie dokumentieren den Alltag der kaiserlichen Familie abseits der Öffentlichkeit und der inszenierten Darstellung. Isabella hatte als Mitglied des Kaiserhauses Zugang zum innersten Kreis, daher war es ihr auch möglich, authentische Aufnahmen zu machen, wurde sie doch als Familienmitglied und nicht als externe Fotografin wahrgenommen. So bieten ihre Fotografien die einzigen wirklichkeitsgetreuen Abbildungen das privaten Alltags der Habsburger und können damit durchaus als sensationell bezeichnet werden.

So stammt auch die einzige existierende Fotografie eines Weihnachtsfestes im Hause Habsburg von Isabella. Es zeigt, dass jedes Mitglied der Familie einen eigenen Gabentisch mit einem eigenen geschmückten Baum hatte. Die Kinder bekamen neben Spielsachen und Büchern Süßigkeiten, sehr beliebt waren auch getrocknete Früchte. Die Erwachsenen schenkten sich kleine Bildnisse, Gemälde, Musikinstrumente, Porzellan – die Damen gerne Schmuck und kostbare Stoffe für Festkleider.

Sport war im 19. Jahrhundert Luxus und damit auch fester Bestandteil des adeligen Alltags. Insbesondere die Habsburger probierten alle neuen Sportarten mit großer Begeisterung aus – sei es Ballonfahren, Bob- oder Skifahren. Auch Tennisturniere, Wanderungen und Kletterpartien waren sehr beliebt. Isabellas Fotografien dokumentieren demnach, dass die Habsburger abseits der Öffentlichkeit ein wesentlich abwechslungsreicheres und vor allem wesentlich luxuriöseres Leben führten, als nach außen hin dargestellt. Während Kaiser Franz Joseph sehr darauf bedacht war, Bescheidenheit zu demonstrieren, und auch den mit Abstand bescheidensten Lebensstil hatte, offenbaren Isabellas Fotos erstmals, dass die Habsburger fern des öffentlichen Interesses ein durchaus mondänes Leben genossen. Während Franz Joseph seine Sommerfrische im eigenen Land verbrachte, zog es seine Familie eher in die Ferne. Beliebte Reise- und Urlaubsziele waren unter anderem die Nordsee, in erster Linie jedoch die Côte d'Azur und die Adria.

Die historisch spannendste Fotografie ist aber eine, die auf den ersten Blick unscheinbar erscheint, zeigt sie doch einfach tanzende Menschen vor dem Schloss Halbturn. Heute betrachtet, birgt sie jedoch eine kleine Sensation, denn nicht einmal Isabella war als Fotografin bewusst, was damit eigentlich festgehalten wurde. Denn das Foto zeigt das damals noch heimliche Liebespaar Erzherzog Franz Ferdinand und ihre Hofdame Sophie Chotek eng umschlungen als Tanzpaar. Zu diesem Zeitpunkt ahnte noch niemand, dass das „zufällige" Tanzpaar ein tatsächliches Liebespaar war. Erst einige Zeit danach kam die Wahrheit ans Tageslicht, Isabella informierte empört den Kaiser über die nicht standesgemäße Liaison und entließ ihre Hofdame – der Rest ist Geschichte.

Tanzende Festgesellschaft vor dem Schloss Halbturn. In der linken Bildmitte ist das damals noch heimliche Liebespaar Erzherzog Franz Ferdinand und Isabellas Hofdame Sophie Gräfin Chotek zu sehen. Ungarisches Nationalmuseum Budapest.

Erzherzog Joseph Ferdinand & Erzherzog Heinrich Ferdinand: Pioniere der Ballonfahrt

Die Brüder Joseph Ferdinand (1872–1942) und Heinrich Ferdinand (1878–1969) aus der Toskana-Linie gingen als „fliegende Erzherzoge" in die Geschichte ein und gelten als Pioniere der Ballonfahrt. Ihre Sammlung technischer Instrumente und Literatur belegt aber, dass ihre Ballonfahrten nicht nur kostspieliges Vergnügen waren, sondern dass sich die beiden über viele Jahre intensiv und wegweisend mit dem Thema beschäftigten.

Dass zwei Habsburger nicht nur zu den leidenschaftlichsten, sondern auch erfolgreichsten Ballonfahrern ihrer Zeit zählten, mag auf den ersten Blick verwundern. Doch die zwei Brüder stammten aus der Toskana-Linie, über die zur Zeit der Monarchie als liberalem Zweig der Familie eher abschätzig gesprochen wurde. Sie galten als viel zu freigeistig, weltoffen und unangepasst und fügten sich nicht recht ins traditionelle Bild der Habsburger. So erstaunt auch der Lebensweg der beiden, der eher untypisch für Mitglieder des Kaiserhauses war, nicht unbedingt.

Der jüngere der beiden Brüder, Heinrich, absolvierte zwar die für einen Habsburger traditionelle militärische Ausbildung, danach erreichte er jedoch seine Freistellung und studierte privat in Wien bei den beiden bedeutenden Künstlern Eduard Zetsche (Malerei) und William Unger (Radierung). Da er nicht nur talentiert, sondern offenbar auch hartnäckig genug sein Ziel verfolgte, erteilte ihm Kaiser Franz Joseph schließlich 1907 seine Zustimmung, für einige Zeit in München zu studieren. Heinrich spezialisierte sich auf Radierungen und Aquarelle und widmete sich parallel auch der Fotografie, die ihn wie so viele Habsburger begeisterte. Dabei hinterließ Heinrich eine umfangreiche Fotosammlung, die sich heute im Salzburg Museum befindet. Seine Fotografien belegen, dass er nicht nur darauf bedacht war, seine Heimat Salzburg fotografisch zu dokumentieren, sondern sich in erster Linie für die verschiedenen technischen Möglichkeiten und Neuerungen interessierte. Vor allem mit seinen ersten Farbfotografien kurz nach der Jahrhundertwende zählt er zu den absoluten Pionieren der Farbfotografie in Österreich.

Popularität erlangte er jedoch mit seiner zweiten großen Leidenschaft – der Ballonfahrt. Gemeinsam mit seinem Bruder Joseph unternahm er zahlreiche Ballonfahrten. So wie Heinrich auf dem Gebiet der Farbfotografie kann man seinen Bruder Joseph tatsächlich als Pionier der Luftfahrt bezeichnen. Die Gasballonfahrt war damals die allerneueste Entwicklung und galt als waghalsiges und nicht ungefährliches Abenteuer. Grundvoraussetzung waren – abgesehen von den finanziellen Möglichkeiten – auch genaueste Kenntnisse in Meteorologie und Geografie. Die notwendigen technischen Apparaturen und Messgeräte waren kostspielig und daher nur einem kleinen Kreis möglich. Joseph hatte zwar wie alle Erzherzoge eine militärische Ausbildung absolviert und lebte ab 1908 als Oberst des 5. Infanterieregiments in Linz, seine Liebe galt jedoch seit seiner frühesten Jugend der Ballonfahrt. Von Linz und Salzburg aus startete er seine Ballonfahrten, die ihm auch mediale Aufmerksamkeit einbrachten.

Da der Start stets in der Nähe einer entsprechenden Gasstation stattfand und die Vorbereitungen, bis der Ballon fahrbereit war, mehrere Stunden dauern konnten, fanden sich bei den Starts neben zahlreichen Helfern immer eine große Schar Schaulustiger sowie einige Journalisten ein, die von diesem damals noch eher seltenen Spektakel berichteten. Als Lehrer und Begleiter auf den meisten seiner Ballonfahrten fungierte mit Hauptmann Wilhelm Hoffory der militär-aeronautischen Abteilung der k.u.k. Armee einer der erfahrensten Ballonfahrer der Monarchie, dennoch galt die Gasballonfahrt als Abenteuer.

Die Brüder Erzherzog Heinrich Ferdinand (Mitte) und Erzherzog Joseph Ferdinand (rechts) mit dem erfahrenen Ballonfahrer Hauptmann Hoffory, der Joseph auf den meisten Fahrten begleitete. Autochrom 1910. Salzburg Museum.

Immer wieder passierten gefährliche Unfälle – besonders beim Landen des Ballons, das eine der heikelsten Momente der Ballonfahrt darstellte. Große Aufregung herrschte jedes Mal unter den Ballonfahrern und Helfern, wenn Bauern vom Spektakel angelockt am Landeplatz eintrafen und mit der Pfeife oder Zigarre in der Hand zu Hilfe eilen wollten. Nicht selten fing dadurch der Ballon Feuer und die Stichflammen des austretenden Gases konnten zu schweren Verbrennungen oder gar zum Tod führen. Allein der Aufwand des Rücktransportes des Ballons war enorm und erfolgte zumeist mit Unterstützung von bis zu hundert Soldaten, die den Ballon verpacken und zurücktransportieren oder gar zur Gasstation zurückziehen mussten. Da die Route ja abhängig von den thermischen Gegebenheiten war, konnte man nie genau voraussehen, wo die Reise hingehen würde – was jedoch wahrscheinlich auch den Reiz der Unternehmung ausmachte. Eine besondere Herausforderung waren die Nachtfahrten, die jedoch einen unwiderstehlichen Reiz hatten. So schilderte Joseph einem Reporter seine Eindrücke: „Die Fahrt vermittelte großartige Eindrücke, namentlich die Städte gewährten bei Nacht mit ihrem Lichterglanze ein wunderschönes Bild."[121] Weniger angenehm waren sicherlich die Temperaturen, die in der Nacht je nach Höhe auf bis zu minus 20 Grad fallen konnten, während man sich tagsüber gegen Hitze und vor allem die Sonne schützen musste. Joseph erwähnte vereiste Bärte und stundenlange Versuche, den gefrorenen Sand in den Ballastsäcken mit dem Säbel zu zerstoßen, um im Notfall auf den Ballastsand zurückgreifen zu können. Tagsüber bastelten die Herren wiederum aus ihren großen Taschentüchern Segel und Hüte, um sich vor der Sonne zu schützen.

Höhepunkt seiner Ballonkarriere war sicherlich der Weltrekord, den er wie immer mit Hoffory 1909 aufstellte, als er mit dem Ballon „Salzburg" die 984 Kilometer lange Strecke von Linz nach Dieppe an der französischen Ärmelkanalküste in damals unglaublichen 16 Stunden in der Luft zurücklegte.[122] Die Presse schilderte begeistert das „Bravourstück" der Fahrt über München, Augsburg und Straßburg und der Erzherzog und Hoffory wurden bei ihrer Rückkehr begeistert empfangen und umjubelt.

Zahlreiche Ballonfahrten unternahm Joseph auch mit seinem Bruder Heinrich, wobei vor allem über die Jubiläumsfahrten der „fliegenden" Brüder in den Zeitungen berichtet wurde. Für Joseph gab es 1912 schließlich sogar anlässlich seiner 80. Ballonfahrt eine große Festkundgebung, bei der ihm auch eine Ehrenmedaille überreicht wurde: „Gestern früh trat Erzherzog Josef Ferdinand seine 80. und sein Begleiter Hauptmann Hoffory seine 100. Ballonfahrt an. Aus diesem Anlasse fand sich in den Morgenstunden der Ausschuß des Luftschiffervereins mit dem Präsidenten Grafen Attems an der Spitze in der Gasanstalt ein und überreichte dem Protector mit dem Ausdruck des besten Dankes für die eifrige Förderung des Vereines eine das Datum der 80. Fahrt und den Luftschiffergruß ‚Gut Land' tragende goldene Erinnerungsmedaille."[123] Die Jubiläumsfahrt war eigentlich als Dauerfahrt von über 24 Stunden geplant, aufgrund der niederen Temperaturen – das Thermometer zeigte bei 3200 Meter Höhe minus 19 Grad – musste die Fahrt jedoch bereits um zwölf Uhr mittags in Heiligenkreuz beendet werden. Die Leidenschaft für die Ballonfahrt begleitete die Brüder ihr Leben lang und ihre historisch bedeutenden Sammlungen technischer Apparate und Messgeräte, die sich im Salzburg Museum befinden, erzählen bis heute von den Leistungen der „fliegenden Erzherzoge".

Start des Gasballons „Salzburg" von Erzherzog Joseph Ferdinand 1910 in Gumpersdorf nahe Braunau am Inn. Fotografie seines Bruders Erzherzog Heinrich. Salzburg Museum.

Erzherzogin Margaretha: Fotografin, Ballonfahrerin & Automobilistin

Die Tochter Erzherzog Ferdinands IV. gehört zu den wenig bekannten Mitgliedern des Kaiserhauses, obwohl sie eine der talentiertesten, modernsten und unternehmungslustigsten Habsburgerinnen war. Als unverheiratete Erzherzogin spielte Margaretha (1881–1965) im öffentlichen Leben keine Rolle, konnte dadurch aber ungehindert abseits der Öffentlichkeit ihren Interessen nachgehen. Dazu zählte neben ausgedehnter Reisetätigkeit auch das neue Medium Fotografie – so stammen von ihr die ersten Farbfotos des Kaiserhauses. Darüber hinaus war Margaretha als begeisterte Automobilistin die erste Habsburgerin, die den Führerschein machte, und die erste Habsburgerin, die als Ballonfahrerin für Aufsehen in der Familie sorgte.

Da Margaretha selten in der Öffentlichkeit auftrat und kein Interesse zeigte, in der „Gesellschaft" eine Rolle zu spielen, war sie zu Lebzeiten medial kaum präsent und geriet nach ihrem Tod bald in Vergessenheit. Sieht man jedoch genauer hin, ist festzustellen, dass Margaretha zwar ein gesellschaftlich zurückgezogenes, aber keineswegs „bedeutungsloses" Leben führte. Im Gegenteil. Sie haderte nicht mit ihrer gesellschaftlich missachteten Stellung als ledige, kinderlose Frau, sondern führte ein aktives, interessiertes und abenteuerlustiges Leben. Ihre zahlreichen Reisen belegen, dass sie kulturell interessiert war und die Welt kennenlernen wollte. Sie stand auch als einzige Schwester in engem Kontakt mit ihren vielseitig interessierten und künstlerisch begabten Brüdern Joseph und Heinrich. Immer wieder besuchte sie mit den beiden Künstler; so belegen mehrere Berichte in der Zeitung „Salzburger Chronik für Stadt und Land", dass Margaretha sie bei Künstleratelierbesuchen begleitete, womit auch ihr Interesse für Malerei belegt ist.[124]

Die Geschwister Margarethas, Erzherzogin Agnes und Erzherzog Joseph Ferdinand, in Badekleidung 1911 in Lindau am Bodensee, Autochrom Erzherzogin Margaretha von Österreich-Toskana aus der Sammlung der Oberösterreichischen Landes-Kultur-GmbH.

Im Hinblick auf Margarethas fotografische Tätigkeit ist sicherlich der Einfluss ihres Bruders Heinrich, der als Maler und Fotograf tätig war, von entscheidender Bedeutung. Der erste Kontakt zur Fotografie erfolgte jedoch vermutlich bereits über ihren Vater, der sich schon seit den 1850er-Jahren für das neue Medium interessierte und sowohl als Schirmherr der Amateur-Fotografen Salzburgs als auch als Ehrenmitglied des elitären Camera-Clubs in Wien fungierte. Mit Sicherheit standen die Geschwister in regem künstlerischen Austausch, daher ist ein Vergleich ihrer Fotografien besonders interessant, lässt er doch auch Rückschlüsse auf die Persönlichkeit Margarethas zu. Denn es ist bezeichnend für ihre Unabhängigkeit und ihr Selbstbewusstsein, dass sie in ihrer fotografischen Tätigkeit niemals versuchte, ihren Bruder zu imitieren, sondern immer einen eigenen Weg suchte und ging.

„Das Entzücken über das ... Schwelgen in Farbe ... war groß"

Der Nachlass an 431 Autochromen Margarethas beinhaltet sowohl fotografische Dokumente ihrer ausgedehnten Reisen und Landschaften als auch private Aufnahmen ihrer Familie. Herausragend für die Zeit sind jedoch Blumenmotive, die in ihrer Bildsprache das künstlerische Talent der Erzherzogin belegen. Die erhaltenen Aufnahmen, die aus den Jahren zwischen 1910 und 1914 stammen, wurden zudem alle selbst von der Erzherzogin belichtet und bearbeitet. Autochrome spielen in der Geschichte der Farbfotografie insofern eine bedeutende Rolle, als sie die ersten Farbfotos waren, mit denen es gelang, die Welt in „natürlichen" Farben abzubilden. Dass Margaretha diese Technik kannte und wählte, zeigt, dass sie sich intensiv mit der Fotografie als neuestem künstlerischen Medium beschäftigte und damit auskannte. Erst 1904 war es den Brüdern Lumière nach jahrelangen Versuchen in Paris gelungen, mit ihrer Autochromtechnik den Traum wirklichkeitsgetreuer Farbfotografien zu realisieren. Nach der Präsentation der ersten gelungenen Versuche sollte es noch drei Jahre dauern, bis die neue Technik über ein Versuchsstadium hinauskam. 1909 berichtete die k.k. Photographische Gesellschaft erstmals von der ersten Anwendung dieser sensationellen Entwicklung und schrieb: „Das Entzücken über das ... Schwelgen in Farbe ... war groß".[125] Die Farbwirkung der Autochromplatten war geradezu sensationell, da sie sowohl gesättigte Farben als auch Pastelltöne farbecht wiedergeben konnten. Der einzige Nachteil lag in der extrem langen Belichtungszeit und der Tatsache, dass die Farbpracht der Glasdiapositive nur mittels eines speziellen Projektors zur Geltung gebracht werden und man sie nicht korrigieren und bearbeiten konnte. Diese technischen Herausforderungen und die enorm hohen Kosten für die Anschaffung der speziellen Fotoausrüstung inklusive der Platten waren auch der Grund dafür, dass diese neue Technik nur einem kleinen vermögenden Kreis möglich war.

Margarethas erste Landschaftsfotografien ihrer unmittelbaren Umgebung zeigen noch eine rein objektive und dokumentarische Herangehensweise. Auch die Aufnahmen von ihr selbst und ihrer Familie halten Personen in ihrem unmittelbaren privaten Alltag fest und sind nicht inszeniert. Im Laufe der Jahre begann Margaretha jedoch auch Lichtstimmungen und Wetterphänomene festzuhalten und entdeckte vor allem ihre Liebe zu Blumenstillleben. Dieses Sujet war allgemein beliebt, da sich mit der langen Belichtungszeit gut mit Blumen und Zweigen arbeiten ließ. Auch wenn Margarethas Autochrome auf den ersten Blick nicht spannend erscheinen mögen, sind sie jedoch außergewöhnlich und erzählen vor allem auch viel über sie als emanzipierte, spannende Frau. So sind die „Makro-Aufnahmen" einzelner Blüten nicht nur künstlerisch ansprechend, sondern zeigen, dass die Erzherzogin ganz eigene Wege ging. Das belegen auch ihre Fotografien, die sie auf ihren Reisen durch Österreich, Italien, Slowenien, Kroatien und die Schweiz machte. Auffallend oft sind dabei serpentinenreiche Passstraßen dokumentiert, was zunächst verwundern mag, da sie nicht als besonders interessant anzusehen sind. Die Fotografien erzählen jedoch von einer weiteren außer-

gewöhnlichen Leidenschaft Margarethas: dem Autofahren im Allgemeinen – und Bergfahrten im Besonderen.

*Dahlie, 1911, Autochrom Erzherzogin Margaretha von Österreich–Toskana aus der
Sammlung der Oberösterreichischen Landes-Kultur-GmbH.*

Automobilistin

Margaretha hatte als erste Habsburgerin 1911 den Führerschein gemacht und die „Illustrierte Kronen-Zeitung" berichtete unter dem Titel „Automobilprüfung der Erzherzogin Margaretha von Toskana": „Vor den Automobilprüfungskommissären der niederösterreichischen Statthalterei legte gestern vormittags Erzherzogin Margaretha von Toskana, die Tochter der Großherzogin Alice von Toskana, in der alten Prinzenallee des Praters die Prüfung als Automobillenkerin ab. Ingenieur Dorninger, der die praktische Fahrtprüfung vornahm, verlangte von der Erzherzogin die Ausführung aller automobilistischen Manöver, die sich während der Fahrt ergaben: Kurvenfahren, plötzliches Anhalten auf Kommando, Wiederanfahren, Rückwärtsfahren u.s.w. Die Erzherzogin führte alle Manöver mit Präzision durch, nur meinte sie nach der Prüfung: ‚Das Rückwärtsfahren ist das einzige, was mir unangenehm ist.' Da auch die theoretische Prüfung befriedigend verlief, wird die Erzherzogin nunmehr ihr Automobilprüfungszeugnis erhalten."[126] Auch dieser Moment wurde von Margaretha fotografisch festgehalten.

Ihre „Automobil-Leidenschaft" und vor allem ihre Begeisterung für Bergfahrten und Passstraßen äußerte sich auch in ihrer Anwesenheit bei einer der größten und bedeutendsten Autorallyes der Zeit – der Österreichischen Alpenfahrt.

So reiste Margaretha 1912 in einem eigenen Auto mit ihrer Mutter und Schwester Agnes in den Lungau, um ihren Bruder Joseph, der mehrmals an der Rallye teilnahm, bei einem Etappenhalt zu treffen, wie die „Österreichische Automobil-Zeitung" berichtete.[127] Wären Frauen zum Start zugelassen gewesen, wäre sie wohl auch mitgefahren. 1914 kaufte sie schließlich ein eigenes Auto, einen sechssitzigen Wagen der Marke Puch, und zählte damit zu den ersten Frauen in Österreich, die ein Auto besaßen und damit auch selbst fuhren.[128]

Habsburgs erste Ballonfahrerin

Während sich die meisten ihrer Verwandten auf ein Interesse konzentrierten und entweder als Sammelnde, Malende, Fotografierende oder auch nur Reisende ihre Erfüllung fanden, war Margaretha besonders vielseitig. Denn sie zählte nicht nur zu den aktivsten und begeistertsten Fotografinnen und Reisenden, sondern war auch an sportlichen Herausforderungen, technischen Neuerungen und Abenteuern interessiert. So war sie die erste Habsburgerin, die sich für das Ballonfahren begeisterte und ihren Bruder Joseph mehrmals begleitete. Ballonfahren galt damals als geradezu waghalsiges Abenteuer und war in erster Linie elitärer Luxussport, der sich in Österreich vor allem durch einige enthusiastische Adelige entwickelte. Im Februar 1910 trat Margaretha dem oberösterreichischen Verein für Luftschifffahrt bei und erhielt am 7. März 1910 ihre Lufttaufe, als sie mit ihren Brüdern Joseph und Heinrich im Ballon „Salzburg" von der Gasanstalt in Lehen aufstieg, bei Koppl landete und damit die erste Erzherzogin war, die an einer Ballonfahrt teilgenommen hatte.[129]

Nach einer weiteren nicht uninteressanten Episode als Hotelière in Bad Gastein lebte Margaretha schließlich mit ihrer Mutter und ihren beiden ebenfalls unverheirateten Schwestern zurückgezogen in Schwertberg (OÖ), wo sie auch verstarb. Allein der Fund ihrer Autochrom-Sammlung im Keller des Hauses in Schwertberg bewahrte sie vor dem Vergessen. Die Sammlung befindet sich nun im Oberösterreichischen Landesmuseum, das ihr kürzlich auch eine Ausstellung sowie eine Publikation widmete, womit nicht nur ihre Leidenschaft, sondern auch ihr Talent und ihre Bedeutung als Fotografin dokumentiert sind.[130]

Erzherzogin Elisabeth Marie: Politikerin und Spiritistin

Erzherzogin Elisabeth Marie (1883–1963), in der Familie „Erzsi" – nach Erzsébet (ungarisch Elisabeth) genannt – war das einzige Kind des Kronprinzen Rudolf und seiner Frau Stephanie von Belgien. Erzsi erbte aber nicht nur einen Teil des enormen Vermögens ihrer Großmutter Kaiserin Elisabeth, sondern auch eine ihrer Leidenschaften – nämlich jene für Spiritismus. Während sich die Kaiserin jedoch neben all ihren anderen Interessen dieser damaligen Modeerscheinung nur nebenbei widmete, sollte Erzsi sie über ein Jahrzehnt zu ihrem Mittelpunkt machen. Nach dem Ersten Weltkrieg erlebte der Spiritismus-Boom einen neuen Höhepunkt. Hintergrund war, dass viele Männer im Krieg gefallen waren und ihre zurückgebliebenen Frauen oft nur schwer mit dem traumatischen Verlust umgehen konnten, was geschäftstüchtige „Esoteriker" ausnutzten und in Inseraten anboten, mit Verstorbenen in Kontakt zu treten. So auch Elisabeth, die versuchte, zu ihrer großen Liebe, dem Marineoffizier Egon Lerch, der 1915 in einem U-Boot ums Leben gekommen war, Kontakt aufnehmen zu können.

Eine wichtige Rolle in ihrem Leben spielte dabei der Münchner Arzt und Parapsychologe Albert von Schrenck-Notzing, der mit vielen Prominenten seiner Zeit in Verbindung stand und eine der zentralen Figuren in der Spiritismus-Szene war.[131] Spiritismus wurde damals als neuartige Naturwissenschaft angesehen, die auch in wissenschaftlichen und fortschrittlichen Kreisen thematisiert wurde – u.a. von Sigmund Freud, der sich mit parapsychologischen Phänomenen beschäftigte.

Schrenck-Notzing versuchte die Parapsychologie als exakte Naturwissenschaft zu etablieren und dokumentierte alle „paranormalen" Ereignisse. Über viele Jahre war er auf der Suche nach immer neuen Phänomenen und vor allem Menschen mit besonderen Fähigkeiten. Immer wieder stellte Schrenck-Notzing der Erzherzogin diese „Medien" für ihre Séancen vor, die sie regelmäßig in Schönau abhielt. Bei diesen Sitzungen ging es Erzsi aber weniger um die Faszination des Unerklärlichen, sondern sie wollte diesen Phänomenen auf den Grund gehen. Penibel hielt sie alle Vorkommnisse fest und schickte ihre Eindrücke an Schrenck-Notzing, um sich mit ihm darüber austauschen zu können. Wie ernst diese Forschungen auch in damaligen Wissenschaftskreisen genommen wurden, zeigt, dass selbst der theoretische Physiker und Vorstand des Instituts für Theoretische Physik an der Universität, Hans Thirring, zu diesem Forscherkreis zählte. Thirring, mit dem Erzsi ebenfalls in engem Kontakt stand, begründete 1927 sogar die Österreichische Gesellschaft für Psychische Forschung, die bis heute als Österreichische Gesellschaft für Parapsychologie existiert.

Erzsi war aber auch von „Spukphänomenen" fasziniert, die damals wegen der gesteigerten Aufmerksamkeit gehäuft in Erscheinung traten. Besonderes Aufsehen erregten die unerklärlichen Kräfte des zu der Zeit 14-jährigen Dienstmädchens Wilma Molnar aus Güssing, von dem berichtet wurde, dass, wo auch immer es hinkam, Gegenstände durch die Luft flögen. Elisabeth ließ Wilma 1925 in ihr Schloss bringen, um ihre telekinetischen Kräfte zu beobachten und zu dokumentieren. Tatsächlich ereigneten sich permanent unerklärliche Zwischenfälle, Gegenstände im Umfeld Wilmas, wie Messer, Kartoffeln und Pfannen, flogen herum und sorgten zunehmend für Beschwerden des ängstlichen Personals. Schließlich wurden die Vorfälle sogar Elisabeth unheimlich und sie brachte Wilma nach Wien, wo Erzsi sie an die Jesuiten übergab, die sich nun um sie kümmern sollten. Trauigerweise verlieren sich daraufhin die Spuren des „sensitiven" Mädchens, das vermutlich an Schizophrenie litt. Erzsi erkundigte sich noch einige Male nach Wilma, die die Jesuiten einem

Exorzismus unterzogen hatten und mehrmals versicherten, das Mädchen sei nun „fröhlich vergnügt", was jedoch bezweifelt werden muss, denn Elisabeth sah es nie wieder.[132]

Mit dem Umzug nach Wien endeten auch die Séancen und spiritistischen „Forschungen" Elisabeths. Verschollen ist auch leider die umfangreiche spiritistische Bibliothek, die sie im Laufe der Jahre aufgebaut hatte.

Genossin Petznek

Elisabeth Marie war ihrem Vater in vielem ähnlich – am auffallendsten war jedoch neben ihrem Eigensinn ihre weltoffene Einstellung. Ihr Lebensweg verlief zu Beginn noch in traditionellen Bahnen. Sie heiratete Otto Windisch-Graetz, bekam vier Kinder und führte ein unbeschwertes mondänes Leben. Doch die Ehe war nicht glücklich, Streit, Zwist und Eifersuchtsszenen wegen der beidseitigen Affären standen an der Tagesordnung. Elisabeth erklärte die Ehe schließlich für gescheitert, an eine Scheidung war jedoch, solange der Kaiser lebte, nicht zu denken. Erst nach seinem Tod trennten sich die beiden, womit ein erbitterter und dramatisch geführter Krieg um das Sorgerecht für die Kinder begann. Denn das Gericht hatte entschieden, die Kinder – wie damals üblich – dem Vater zuzuerkennen, die Kinder weigerten sich jedoch, zu ihrem Vater zu ziehen. Otto erreichte daher einen Gerichtsbeschluss und erschien mit Gerichtsvollzieher und 22 Polizisten vor dem Schloss Schönau nahe Wien, um die Kinder abzuholen. Elisabeth Windisch-Graetz zeigte aber Kampfgeist und hatte mithilfe des sozialdemokratischen Abgeordneten Leopold Petznek beeindruckende Unterstützung organisiert. Über hundert sozialistische Arbeiter blockierten den Eingang zum Schloss und Otto musste wieder abziehen. Der Vorfall wirbelte einigen Staub auf. Elisabeth erreichte, dass das von Otto eingereichte Gerichtsverfahren eingestellt wurde und die Kinder bei ihr blieben. Mit dieser Aktion wurde auch offiziell, dass die ehemalige Erzherzogin nicht nur die Unterstützung der Sozialdemokraten im Kampf um ihre Kinder erreicht hatte, sondern selbst engagierte Sozialistin geworden war.

Der Weg von der Kaiserlichen Hoheit zur Genossin reicht in die Jugend der Erzherzogin zurück. So sind einige Erlebnisse überliefert, die sie zur Sozialdemokratie führen sollten.[133] Als 15-Jährige erfuhr sie durch die Bekanntschaft mit einem Mädchen in Triest von Viktor Adlers Reportagen über die erschütternde Lebenssituation der zugewanderten Arbeiterfamilien in den Wienerberger Ziegelwerken. Auch das Attentat des Sozialdemokraten Friedrich Adler auf den Ministerpräsidenten und Kriegstreiber Karl Stürgkh im Jahr 1916 erregte ihre Aufmerksamkeit. Nicht zuletzt erlebte sie als Nachbarin der Rüstungswerke im Triestingtal die Unfälle, Explosionen mit Verletzten und Toten – viele davon Frauen. Erzsi machte sich damals persönlich ein Bild vor Ort und versuchte mit Lebensmitteln und Verbandszeug zu helfen. Über Julius Deutsch, der nach dem Krieg Staatssekretär für Heereswesen war, lernte sie schließlich den Mödlinger Funktionär Leopold Petznek kennen, der ihr die Unterstützung der Partei im Kampf um ihre Kinder anbot. 1919 trat sie der Sozialistischen Partei bei, öffnete den Schlosspark für die Kinder der Arbeitersiedlung in Schönau, engagierte sich bei den Kinderfreunden und gab Interviews, in denen sie überzeugt bekräftigte: „Die Zukunft gehört dem Sozialismus", was ihr auch den Beinamen die „rote" Erzherzogin einbrachte.

Schließlich verkaufte sie Schloss Schönau und zog gemeinsam mit Leopold Petznek, den sie 1948 heiratete, in eine Villa in der Linzerstraße in Wien, wo sie 1963 verstarb. Von ihrem einstigen Vermögen, das sie von ihren kaiserlichen Großeltern geerbt hatte, war wenig geblieben, da das meiste in Anleihen angelegt gewesen war, die nach der Monarchie und im Zuge der Inflation der 1920er-Jahre ihren Wert verloren hatten. Dennoch führte sie ein finanziell unbeschwertes Leben, umgeben von zahlreichen historisch bedeutsamen Kunstwerken und Andenken an ihre Familie. Auch als Genossin legte sie Wert auf traditionelle Umgangsformen, ließ sich als „Kaiserliche Hoheit" ansprechen und beschäftigte bis zuletzt auch Personal. Als Elisabeth Petznek 1963 verstarb, vermachte sie – sehr zum Ärger ihrer Kinder – mit Ausnahme des Parks ihrer Villa, den ihr Sohn erbte, ihren gesamten Besitz der Republik Österreich, womit nicht nur wertvolles Mobiliar aus ihrer Villa, sondern vor allem auch einzigartige Erinnerungsstücke des Kronprinzen Rudolf in öffentlichen Sammlungen erhalten sind.

Elisabeth Fürstin Windisch-Graetz, Fotografie von Hermann Kosel 1902, Wien Museum.

Erzherzogin Elisabeth Marie, Fotografie von Othmar Türk um 1898,
Wien Museum.

Erzherzog Leopold von Toskana: Hollywood-Star

Die in aristokratischen Kreisen wohl außergewöhnlichste Leidenschaft hatte schließlich Erzherzog Leopold von Toskana (1897–1958). Denn der Sohn Erzherzog Leopold Salvators und Neffe Erzherzog Franz Salvators, der die Kaisertochter Marie Valerie geheiratet hatte, versuchte als Hollywood-Star zu reüssieren. Sein Vater Leopold hatte zu den wenigen Habsburgern gehört, die den Thronverzicht nicht unterzeichneten, und ging daher 1919 mit seiner Familie ins Exil – zunächst in die Schweiz, später nach Frankreich. Da die Familie aber über kein nennenswertes Vermögen verfügte, war Leopold gezwungen, seinen Lebensunterhalt zu verdienen, was sich für die meisten Habsburger, die ja keine Ausbildung genossen und keinen Beruf erlernt hatten, als extrem schwierig herausstellte. Leopold hatte mit dem Ende der Monarchie zwar mündlich auf die Zugehörigkeit zum Hause Habsburg verzichtet, trat jedoch weiterhin als Erzherzog auf und versuchte aus seinem Namen und seinen Kontakten Kapital zu schlagen. Zunächst arbeitete er als Partner eines Hopfenhändlers, als dieser jedoch verstarb, zeigte sich rasch, dass Leopold das Geschäft nicht leiten konnte, und so war er bald pleite. In dieser Zeit waren amerikanische Antiquitätenhändler in Wien aktiv und kauften im großen Stil Mobiliar aus ehemals aristokratischem Besitz. Die Möbel wurden mit ordentlichem Gewinn an gut betuchte Amerikaner verkauft, die sich so adeliges Flair erkaufen konnten, gleichzeitig belieferten sie aber auch zahlreiche Filmfirmen in Hollywood für authentische Ausstattungen von Filmproduktionen, die in der Zeit der Monarchie angesiedelt waren. Da sich darunter auch ausgemustertes Inventar aus ehemaligen kaiserlichen Amtsbereichen und Residenzen befand, suchten die Händler einen Vertreter des Kaiserhauses, der bei der Präsentation des Mobiliars die Echtheit bestätigen und damit bewerben sollte – und fanden Leopold Salvator, der sich bereit erklärte, gegen eine entsprechende Gage mit nach Amerika zu reisen und bei den Präsentationen aufzutreten.

So lernte er auch den Regisseur Erich von Stroheim kennen, der für einen seiner Filme einen Aristokraten suchte, der ihn für eine authentische Darstellung eines Offiziers der k.u.k. Armee beraten sollte. Kurz darauf fand sich Leopold in Hollywood wieder – einer neuen, eigenen Welt, die ihn faszinierte. Noch dazu waren „echte" Aristokraten im Filmgeschäft gerade hochbegehrt und als Erzherzog wurde Leopold besonders hofiert. Er zeigte sich begeistert vom Filmgeschäft und entdeckte seine Liebe zur Schauspielerei. In der noch vorherrschenden Stummfilm-Ära waren sprachliche Hürden kein Thema und so ergatterte er 1927 seine erste kleine Rolle als Polizist im Film „Night Life". In den österreichischen Zeitungen war zu lesen: „Es gibt beim Film augenblicklich bereits eine Menge Aristokraten mit gutklingenden altadeligen Namen, aber Leopold Habsburg-Lothringen ist doch der erste Erzherzog, der vor dem Aufnahmegerät steht."[134] Im Jahr darauf war er als Offizier im Film „Four Sons" von John Ford zu sehen. Für die Presse war der adelige Schauspieler ein dankbares Thema und in kürzester Zeit avancierte er zum Liebling der Hollywood-Journalisten und Medienstar. Obwohl er in „Four Sons" nur eine kleine Rolle hatte, erhielt er in der Bewerbung und Berichterstattung die gleiche Aufmerksamkeit und Präsenz wie die tatsächlichen Stars des Films. Leopold wurde als „kommendes Idol" bezeichnet, was ihn in seinem Wunsch bestärkte, Hollywood-Star zu werden, und er begann mit großer Leidenschaft an seiner Karriere zu arbeiten.

Durch die mediale Aufmerksamkeit fand er aber vor allem auch Eingang in die mondäne und vermögende Gesellschaft, die sich wiederum gerne mit einem Mitglied einer ehemals kaiserlichen Familie schmückte.

Wie Leopold genau mit dem ehemaligen Kaiser verwandt war, wusste niemand so genau und so wurde er rasch als „ehemaliger Thronfolger" tituliert – eine Bezeichnung, der Leopold in Hollywood auch nie widersprach. Unermüdlich wurde er in allen Filmstudios vorstellig und bemühte sich um jede noch so kleine Rolle. In den Zeitungen war zu lesen: „Wenn der Erzherzog vorbeikommt, stehen seine österreichischen Landsleute, die im Atelier arbeiten Habtacht (sic) und bleiben in dieser Position, bis er ihre respektvolle Begrüßung erwidert."[135] Ob sich die geschilderte Szene tatsächlich so ereignet hat, ist jedoch zu hinterfragen. Sein Ruhm reichte schließlich bis in seine alte Heimat, wo „Die Stunde" unter der Schlagzeile „Hoheit filmt bei Fox" über Leopolds Hollywood-Karriere berichtete.[136] Doch obwohl der Erzherzog als Aristokrat in Hollywood groß „gefeaturt" wurde, blieb es bei diesen zwei kleinen Rollen und es scheint, dass der Erzherzog zwar die mediale Aufmerksamkeit genoss, aber sein Talent dann doch nicht für eine große Karriere als Schauspieler reichte. Nichtsdestotrotz versuchte er seinem Traum nahe und auch weiterhin ein Teil Hollywoods zu bleiben.

1929 engagierte ihn Erich von Stroheim noch einmal als Berater für seinen Film „Der Hochzeitsmarsch", mit einer Rolle vor der Kamera sollte es jedoch nicht mehr klappen. Umso mehr nutzte er nun auch seinen Namen und Titel und ließ sich immer wieder gerne von amerikanischen Millionären als „Stargast" bei Partys und auf Reisen einladen. Dennoch geriet er offenbar in finanzielle Schwierigkeiten, denn die Wiener Zeitungen schrieben nun nichts mehr von der Hollywood-Karriere des ehemaligen Erzherzogs, sondern nur mehr von unbezahlten Schneider-Rechnungen, die schließlich eingeklagt wurden, jedoch trotz Verurteilung nicht eingebracht werden konnten, da niemand den Aufenthaltsort Leopold Habsburgs kannte. Erst 1932 hörte man wieder von ihm, als er in zweiter Ehe Alicia Gibson-Coburn heiratete, die aus einer bekannten und wohlhabenden kanadischen Familie stammte. Das Paar hatte sich zwar in Paris kennengelernt, lebte aber auch in New York und Leopold genoss ein sorgloses, mondänes Leben.

Nach der Machtergreifung der Nazis beginnt jedoch ein dunkles Kapitel in seiner Biografie. So suchte er im Jahr 1938 bei einem Aufenthalt in Wien den zuständigen Referatsleiter SS-Hauptsturmführer Johann Sanitzer auf, um bei ihm in der Angelegenheit der Beschlagnahme habsburgischen Vermögens vorstellig zu werden. Er gab an, derzeit in einem Schloss eines amerikanischen Millionärs bei Paris zu wohnen. Nachdem man ihm zugesagt hatte, dass er bei ihrem Tod ohne Probleme das Erbe seiner Mutter Blanca von Bourbon antreten könne, gab er bereitwillig Auskunft über alle legitimistischen Tätigkeiten der aristokratischen Exilanten-Kreise rund um Otto von Habsburg.[137] Die Quellen belegen zudem, dass Leopold in der Folge tatsächlich als Spion des Wiener Gestapo-Büros tätig war und 1940 sogar Angaben über die französischen U-Boot-Häfen und -Flotte lieferte.[138] Kurz darauf reiste er jedoch zurück nach New York, wurde amerikanischer Staatsbürger und verdiente nach dem Krieg sein Geld wenig glamourös als Fabrikarbeiter. 1958 verstarb Leopold in Connecticut und wurde in der Wiener Kapuzinergruft bestattet.

Endnoten

1 Caroline Pichler, Denkwürdigkeiten aus meinem Leben, Wien 1844, S. 53.

2 Johann Joseph Khevenhüller-Metsch, Aus der Zeit Maria Theresias. Tagebuch des Fürsten Johann Josef Khevenhüller-Metsch, Kaiserlichen Obersthofmeisters, Wien 1908, Bd. 5 1742–1776, S. 60.

3 Carl Hinrichs (Hg.), Friedrich der Große und Maria Theresia. Diplomatische Berichte von Otto Christoph Graf v. Podewils, Berlin 1937, S. 51.

4 Khevenhüller, Bd. 5, S. 8f.

5 Khevenhüller, Bd. 5, S. 105f.

6 Zedinger, S. 113.

7 Podewils, S. 61.

8 Gerhard Kunze, Alchemie und Magie – Das Habsburgisch-Gelb, in: Tiergarten Schönbrunn, Wien 2005, S. 52ff. Ich danke dem Historiker des Tiergartens Schönbrunn Gerhard Heindl ganz herzlich für diesen Hinweis und seine Unterstützung.

9 Österreichische Nationalbibliothek, Handschriftensammlung.

10 Österreichisches Staatsarchiv, Haus-, Hof- und Staatsarchiv (HHStA), Hausarchiv (HausA) Sammelbände, 65/2/2 fol.15/16.

11 HHStA, HausA, Archiv Montenuovo, 1, Nr. 46 vom 4.9.1823.

12 HHStA, HausA, Sammelbände 66a/14 (Theatralischer Nachlass Kaiserin Marie-Therese).

13 Maria Theresia am 9. Juni 1759 an den „General-Spectaklendirektor" Giacomo Conte Durazzo, HHStA, Hofarchive (HA), OMeA, ÄZA, 85-17-1.

14 Khevenhüller-Metsch, Bd. 5, 5. Oktober 1759.

15 HHSTA, Sonderbestände (SB), FA Folliot-Creneville, 79, 3.7.1875.

16 Hellmut Janetschek, Die Werkzeug- und Modellensammlungen, in: Das k.k. Nationalfabriksproduktenkabinett, Technik und Design des Biedermeier, Wien 1995, S. 181ff. Ich danke Robert Kinnl (Technisches Museum Wien) für seinen freundlichen Hinweis.

17 Anna Maria Sigmund, Die verschollenen Tagebücher Franz Josephs, Wien 1999, S. 28.

18 Gabriele Praschl-Bichler, Kaiserliche Kindheit. Aus dem aufgefundenen Tagebuch Erzherzog Carl Ludwigs, eines Bruders von Kaiser Franz Joseph, Wien 1997, S. 181f.

19 Praschl-Bichler, Tagebuch, S. 86.

20 Praschl-Bichler, Tagebuch, S. 188ff.

21 HHStA, HausA, Varia aus der Kabinettsregistratur, 1, Konv. 11, fol. 41.

22 Brigitte Hamann, Meine liebe gute Freundin. Die Briefe Kaiser Franz Josephs an Katharina Schratt, Wien 1992, S. 32.

23 Eugen Ketterl, Der Alte Kaiser. Wie nur einer ihn sah, Wien 1980, S. 13.

24 Anton Weimar (Hg.), Die Kindheit unseres Kaisers. Briefe der Baronin Sturmfeder Aja Seiner Majestät aus den Jahren 1830–1840, Wien 1910, S. 97.

25 HHStA, HausA, NL Erzherzogin Sophie, 19-1, Brief an ihre Mutter vom 14.1.1832.

26 Ketterl, S. 16.

27 Ketterl, S. 20.

28 Ebd.

29 HHStA, HA, Hofapotheke, Rezeptenbücher der k.k. Majestät und der Allerhöchsten Familie Bd. 55, 1887, S. 200.

30 Ebd.

31 HHStA, HA, Hofapotheke, Rezeptenbücher der k.k. Majestät und der Allerhöchsten Familie. Bd. 55, S. 122.

32 Marie-Louise von Wallersee-Larisch, Kaiserin Elisabeth und ich, Leipzig 1935, S. 31.

33 Wallersee-Larisch, S. 28.

34 Wallersee-Larisch, S. 131.

35 Egon Caesar Conte Corti, Elisabeth. Die seltsame Frau, Salzburg-Graz 1941, S. 114.

36 Constantin Christomanos, Tagebuchblätter. Erinnerungen des Hauslehrers von Kaiserin Elisabeth, Wien 2007, S. 53f.

37 HHStA, SB, NL Corti, 14, Brief vom 3. September 1892.

38 Irma Gräfin Sztáray, Aus den letzten Jahren der Kaiserin Elisabeth, Wien 1909, S. 36.

39 Johann Nepomuk Graf von Wilczek, Hans Wilczek erzählt seinen Enkeln Erinnerungen aus seinem Leben, Wien 1933, S. 74.

40 Zit. nach Corti, S. 111.

41 Christomanos, S. 63f.

42 Martha und Horst Schad (Hg.), Marie Valerie von Österreich. Das Tagebuch der Lieblingstochter von Kaiserin Elisabeth, München 2006, S. 247.

43 Stephanie von Belgien, Ich sollte Kaiserin werden, S. 86.

44 Corti, S. 324.

45 Corti, S. 325.

46 Széchenyi Nationalbibliothek Budapest, Tagebuch Marie Festetics (Mikrofilm), 1.4.1882.

47 Festetics, 27.5.1883.

48 Corti, S. 322.

49 Corti, S. 329.

50 Sztáray, S. 167f.

51 Christomanos, S. 10.

52 Christomanos, S. 11.

53 Christomanos, S. 8.

54 Schad, S. 121.

55 Schad, S. 115.

56 Laurenz Krisch, Kaiserin Elisabeth als Kurgast in Wildbad-Gastein. Schriftenreihe des Gasteiner Museums, Bad Gastein 1998, S. 25.

57 Corti, S. 325.

58 Schad, S. 53.

59   Michael Kurz, Elisabeths Wanderungen und Bergtouren im
      Salzkammergut 1887/88, unveröffentlichtes Typoskript.
      Ich danke Michael Kurz für diesen Hinweis.

60   Schad, S. 84.

61   Christomanos, S. 119.

62   Christomanos, S. 40.

63   Brigitte Hamann (Hg.), Meine liebe, gute Freundin! Die Briefe
      Kaiser Franz Josephs an Katharina Schratt, Wien 1992, S. 248.

64   Schad, S. 64.

65   Brief vom Juli 1890. Hamann, Schratt, S. 225.

66   Franz Joseph am 11. Juli 1891 an Katharina Schratt. Hamann,
      Schratt, S. 250f.

67   Georg Nostitz-Rieneck (Hg.), Briefe Kaiser Franz Josephs an
      Kaiserin Elisabeth, Wien 1966, Bd. I, S. 226.

68   Nostitz-Rieneck, I, S. 215.

69   Schad, S. 121.

70   Schad, S. 126.

71   Schad, S. 65.

72   Brigitte Hamann, Kaiserin Elisabeth. Das poetische Tagebuch,
      Wien 1984, S. 260ff.

73   Hamann, Poetisches Tagebuch, S. 147f.

74   Meraner Zeitung, 12. April 1903.

75   Das Interessante Blatt, 11. November 1886, S. 2.

76   Schad, S. 156.

77   Christomanos, S. 78.

78 Christomanos, S. 75.

79 Archiv Schloss Schönbrunn Kultur- und Betriebsges.m.b.H., Tagebuch des Leopold Alram.

80 Josef Krist, Kronprinz Rudolf und sein Lehrer, Wien 1875, S. 3.

81 Kronprinz Rudolf, 15 Tage auf der Donau, Wien 1878. Wiener Stadt- und Landesbibliothek A 14.388.

82 Julius Szeps, Kronprinz Rudolf, Politische Briefe, Wien 1922, S. 95.

83 Szeps, S. 103.

84 Szeps, S. 29 u. 32.

85 Caroline Haidacher, Die Chatprotokolle des Kronprinzen, Aussendung des ORF anlässlich der Premiere der Dokumentation „Duell der Kronprinzen" in der Sendereihe „Universum History".

86 HHStA, HausA, Selekt Kronprinz Rudolf, 16, fol. 47.

87 Zit. nach Brigitte Hamann (Hg.), Kronprinz Rudolf. Majestät ich warne Sie … Geheime und private Schriften, Wien 1979, S. 193ff.

88 Szeps, S. 36.

89 Fürstin Nora Fugger, Im Glanz der Kaiserzeit, Wien 1932, S. 128.

90 Wiener Allgemeine Zeitung, 25. Mai 1889, S. 4.

91 Fugger, S. 323f.

92 Die bislang in der Literatur angegebene Version, dass Franz Ferdinand Sophie bei einem Ball kennenlernte und sie dann geschickt 1898/99 als Hofdame bei Erzherzogin Isabella in Pressburg unterbrachte, um sie in der Nähe, aber nicht in

Wien zu haben, wo ihre Liebe aufgefallen wäre, lässt sich ein-
deutig widerlegen, da Sophie bereits seit 1889 als Hofdame
bei Erzherzogin Isabella in Diensten stand. Österreichisches
Staatshandbuch der Österreichisch-Ungarischen Monarchie,
Hof-Schematismus, Hofstaat Erzherzogin Isabelle, 1889,
S. 72 sowie folgende Jahre bis 1900.

93   Eisenmenger, S. 18.

94   Wladimir Aichelburg, Erzherzog Franz Ferdinand von Öster-
     reich-Este und Artstetten, Wien 2000, S. 32.

95   Ergebnisse Löhnerts langjähriger Sammlungs- und For-
     schungstätigkeit abrufbar. Hiermit möchte ich Dr. Löhnert
     herzlich für seine Hinweise und Unterstützung danken und
     auf das kürzlich eröffnete „Luigiorama" in der Köstlergasse 2,
     1060 Wien, hinweisen, in dem alle Dokumente, Forschungs-
     ergebnisse und die größte Erzherzog-Ludwig-Salvator-
     Sammlung nach Terminvereinbarung besichtigt werden
     können.

96   Zit. nach Löhnert, ludwigsalvator.com.

97   Zit. nach Helga Schwendinger, Erzherzog Ludwig Salvator.
     Der Wissenschafter aus dem Kaiserhaus, Wien 1991, S. 237.

98   Luise von Toscana, Mein Lebensweg, Wien 1988, S. 29.

99   Zit. nach Wolfgang Löhnert, Das Land der Griechen mit der
     Seele und den Tabulae suchend. Erzherzog Ludwig Salvator
     und seine Arbeiten im Ionischen Meer, dem Korinthischen
     Meerbusen und dem Ägeischen Archipel. Ungedrucktes Ma-
     nuskript.

100 Zit. nach Löhnert, ludwigsalvator.com.

101 Leopold Wölfling, Als ich Erzherzog war, Berlin 1935, S. 147.

102 Ketterl, S. 53.

103 Ludwig Hübsch (Hg.), Das Liebesleben der Habsburger, Wien 1922, S. 113.

104 Zit. nach Luise Robinson, Die Freundin des Erzherzogs, Artikelserie in „Der Tag", April 1928, 21. April, S. 9.

105 Der Tag, 11. April 1928, S. 11.

106 Der Tag, 15. April 1928, S. 22.

107 Der Tag, 12. April 1928, S. 10.

108 Zit. nach Angelika Zdiarsky, Zur Genese der Sammlung Papyrus Erzherzog Rainer, in: Bernhard Palme (Hg.), Halbmond über dem Nil. Wie aus dem byzantinischen das arabische Ägypten wurde. Katalog zur Ausstellung der Österreichischen Nationalbibliothek, Wien 2022, S. 87.

109 Zdiarsky, S. 82.

110 Zit. nach Zdiarsky, S. 89.

111 HHStA, HA, MdÄ, Informationsbüro, Serie b Konfidentenberichte, Erzherzog Ernst, 5.3.1868.

112 HHStA, Informationsbüro, Serie b Konfidentenberichte, Erzherzog Ernst, 26.1.1869.

113 HHStA, Informationsbüro, Serie b Konfidentenberichte, Erzherzog Ernst, 23.7.1870.

114 HHStA, Informationsbüro, Serie b Konfidentenberichte, Erzherzog Ernst, Mai 1871.

115 HHStA, Informationsbüro, Serie b Konfidentenberichte, Erzherzog Ernst, 21.6.1871.

116 HHStA, Informationsbüro, Serie b Konfidentenberichte, Erzherzog Ernst, 18.4.1873.

117   HHStA, Informationsbüro, Serie b Konfidentenberichte, Erzherzog Ernst, 5.1.1874.

118   HHStA, HA, AH Privat- und Familienfonde, Reservatakten, 3, 1900. Dabei handelte es sich um Schulden bei Wladimir Graf Hendrikoff.

119   Photographische Rundschau 1887, 12. Heft, S. 395.

120   Ungarisches Nationalmuseum, Inv.Nr. UNM 85992.

121   Illustrierte Kronen-Zeitung, 9. April 1909.

122   Reinhard Kriechbaum, Die leise Luftfahrt, in: DrehPunkt-Kultur, 20. Februar 2017.

123   Salzburger Chronik für Stadt und Land, 20. März 1912.

124   So besuchten die Geschwister u.a. den Maler F. Hinterholzer. Salzburger Chronik für Stadt und Land, 28. Dezember 1910.

125   Jahresprämie, ihren Mitgliedern gewidmet, von der k.k. Photographischen Gesellschaft in Wien, Wien 1909, S. 1. Zit. nach Maria Reitter, Kollmann, Um Wellenlängen voraus. Zur Geschichte und Technik der Autochromfotografie, in: Um Wellenlängen voraus. Zur Autochromfotografie der Fotopionierin Erzherzogin Margaretha von Österreich-Toskana, Hrsg. Alfred Weidinger für die OÖ Landes-Kultur Gmbh, Maria Reitter-Kollmann, Linz 2022, S. 8.

126   Illustrierte Kronen-Zeitung, 19. Oktober 1911, S. 7.

127   Allgemeine Automobil-Zeitung, 30. Juni 1912, S. 63.

128   Allgemeine Automobil-Zeitung, 1. März 1914, S. 58.

129   Neue Freie Presse, 10. März 1910, S. 9; Wiener Salonblatt, 12. März 1910, S. 15; Die Neue Zeitung 10. März 1910, S. 3.

130 Um Wellenlängen voraus. Zur Autochromfotografie der Fotopionierin Erzherzogin Margaretha von Österreich-Toskana, Hrsg. Alfred Weidinger für die OÖ Landes-Kultur Gmbh, Maria Reitter-Kollmann, Linz 2022.

131 Michaela Lindinger, Elisabeth Petznek. Rote Erzherzogin, Spiritistin, Skandalprinzessin, Wien 2021, S. 26ff.

132 Lindinger, S. 64.

133 Lindinger, S. 230ff.

134 Die Stunde, 14. Juli 1927.

135 Georg Markus, Der Erzherzog von Hollywood, Kurier, 22. September 2022.

136 Die Stunde, 14. Juli 1927.

137 profil, 5. Juni 2004.

138 Protokoll der Einvernahme Johann Sanitzers 1949, profil, 5. Juni 2004.

Quellen und Literatur

Quellen

Österreichisches Staatsarchiv, Haus-, Hof- und Staatsarchiv:

NL Erzherzogin Sophie

Varia aus der Kabinettsregistratur

Selekt Kronprinz Rudolf

Informationsbüro, Serie b Konfidentenberichte

Hofapotheke, Rezeptenbücher

Nachlass Corti

Wienbibliothek, Handschriftensammlung,
    Nachlass Heinrich Friedjung

Archiv Schloss Schönbrunn Kultur- und Betriebsges.m.b.H.,
    Tagebuch des Leopold Alram

Széchényi Nationalbibliothek Budapest,
    Tagebuch Marie Festetics

Bayerische Nationalbibliothek, Handschriftensammlung,
    Nachlass Sexau

Zeitungen

ANNO Datenbank der Österreichischen Nationalbibliothek

Literatur

Vladimir Aichelburg, Erzherzog Franz Ferdinand von Österreich-Este 1863–1914, Wien 2014

Anonymus, Das Liebesleben der Habsburger. Wahrheit statt Dichtung, Wien 1922

Anonymus, Der Untergang des Kronprinzen Rudolf. Die Broschüre eines hohen Aristokraten aus der Umgebung des Kronprinzen, Wien 1923

Hans Bankl, Die kranken Habsburger. Befunde und Befindlichkeiten einer Dynastie, Wien 2001

Werner Bokelberg (Hg.), Sisis Schönheitenalbum. Private Photographien aus dem Besitz der Kaiserin Elisabeth, Dortmund 1980

Egon Caesar Conte Corti, Elisabeth. Die seltsame Frau, Wien 1942

Egon Caesar Conte Corti, Hans Sokol, Der alte Kaiser, Wien 1955

Constantin Christomanos, Tagebuchblätter. Erinnerungen des Hauslehrers von Kaiserin Elisabeth, Wien 2007

Viktor Eisenmenger, Erzherzog Franz Ferdinand. Seinem Andenken gewidmet von seinem Leibarzt, Wien 1930

Sabine Fellner, Katrin Unterreiner, Rosenblüte und Schneckenschleim. Schönheitspflege zur Zeit Kaiserin Elisabeths, Wien 2006

Dies., Morphium, Cannabis und Cocain. Medizin und Rezepte des Kaiserhauses, Wien 2008

Dies., Frühere Verhältnisse. Geheime Liebschaften in der k.u.k. Monarchie, Wien 2010

Dies., Puppenhaus und Zinnsoldat. Kindheit in der Kaiserzeit, Wien 2012

Fürstin Nora Fugger, Im Glanz der Kaiserzeit, Wien 1932

Brigitte Hamann (Hg.), Kronprinz Rudolf. Majestät ich warne Sie ... Geheime und private Schriften, Wien 1979

Dies., Elisabeth. Kaiserin wider Willen, Wien 1982

Dies., Kaiserin Elisabeth. Das poetische Tagebuch, Wien 1984

Dies, Rudolf. Kronprinz und Rebell, Wien 1999

Carl Hinrichs (Hg.), Friedrich der Große und Maria Theresia. Diplomatische Berichte von Otto Christoph Graf v. Podewils, Berlin 1937

Gerd Holler, Sophie. Die heimliche Kaiserin, Wien 1993

Hellmut Janetschek, Die Werkzeug- und Modellensammlungen, in: Das k.k. Nationalfabriksproduktenkabinett, Technik und Design des Biedermeier, München 1995

M. Ketösy, Habsburgische Mesalliancen und Liebesaffairen im 19. Jahrhundert, Leipzig 1900

Eugen Ketterl, Der Alte Kaiser. Wie nur einer ihn sah, Wien 1980

Johann Joseph Khevenhüller-Metsch, Aus der Zeit Maria Theresias. Tagebuch des Fürsten Johann Josef Khevenhüller-Metsch, Kaiserlichen Obersthofmeisters, Wien 1908

Michaela Lindinger, Elisabeth Petznek. Rote Erzherzogin, Spiritistin, Skandalprinzessin, Wien 2021

Hans Magenschab, Erzherzog Johann. Habsburgs grüner Rebell, Wien 1981

Oskar Mitis, Das Leben des Kronprinzen Rudolf. Mit Briefen und Schriften aus dessen Nachlaß, Wien 1971

Georg Nostitz-Rieneck (Hg.), Briefe Kaiser Franz Josephs an Kaiserin Elisabeth, Wien 1966, 2 Bde.

Rudolf R. Novak, Kronprinz Rudolf in libris. Eine kommentierte Bibliographie, ungedrucktes Manuskript, Wien 2024

Bernhard Palme (Hg.), Halbmond über dem Nil. Wie aus dem byzantinischen das arabische Ägypten wurde. Katalog zur Ausstellung der Österreichischen Nationalbibliothek, Wien 2022

Caroline Pichler, Denkwürdigkeiten aus meinem Leben, Wien 1844

Otto Christoph Graf von Podewils, Friedrich der Große und Maria Theresia. Diplomatische Berichte, Berlin 1937

Gabriele Praschl-Bichler, Kaiserliche Kindheit. Aus dem aufgefundenen Tagebuch Erzherzog Carl Ludwigs, eines Bruders von Kaiser Franz Joseph, Wien 1997

Max Reversi, Erzherzog Ludwig Viktor von Österreich: Eine philosophische Studie, Berlin 1923

Martha und Horst Schad (Hg.), Marie Valerie von Österreich. Das Tagebuch der Lieblingstochter von Kaiserin Elisabeth, München 2006

Josef Schneider, Kaiser Franz Joseph I. und sein Hof, Wien 1919

Helga Schwendinger, Erzherzog Ludwig Salvator. Der Wissenschaftler aus dem Kaiserhaus, Wien 1991

Julius Szeps, Kronprinz Rudolf. Politische Briefe, Wien 1922

Irma Gräfin Sztáray, Aus den letzten Jahren der Kaiserin Elisabeth, Wien 1909

Miriam Szwast, Now I am Collecting Photographs. Miriam Szwast in Conversation with Katrin Unterreiner about Elisabeth of

Austria's carte des visite collection, in: Uwe Schögl (Hg.), PhotoResearcher 36, Wien 2021, S. 5ff.

Luise von Toscana, Mein Lebensweg, Wien 1988

Katrin Unterreiner, Franz Joseph I. Mythos und Wahrheit, Wien 2006

Dies., Kronprinz Rudolf. Ich bin andere Wege gegangen, Wien 2008

Dies., Sisi. Kaiserin Elisabeth von Österreich. Ein biographisches Portrait, Freiburg 2010

Dies., Sisi und das Salzkammergut, Wien 2013

Dies., Maria Theresia. Mythos und Wahrheit, Wien 2016

Dies., Luziwuzi. Das provokante Leben des Kaiserbruders Ludwig Victor, Wien 2019

Karl Vocelka, Die Familien Habsburg und Habsburg-Lothringen. Politik – Kultur – Mentalität, Wien 2010

Karl Vocelka, Lynn Heller, Die private Welt der Habsburger, Wien 1998

Maria Freiin von Wallersee, Meine Vergangenheit, Berlin 1913

Marie Louise von Wallersee-Larisch, Kaiserin Elisabeth und ich, Leipzig 1935

Alfred Weidinger für die OÖ Landes-Kultur Gmbh, Maria Reitter-Kollmann (Hg.), Um Wellenlängen voraus. Zur Autochromfotografie der Fotopionierin Erzherzogin Margaretha von Österreich-Toskana, Linz 2022

Ghislaine Windisch-Graetz, Kaiseradler und rote Nelke. Das Leben der Tochter des Kronprinzen Rudolf, Wien 1988

Leopold Wölfling, Habsburger unter sich. Freimütige Aufzeichnungen eines ehemaligen Erzherzogs, Berlin 1921

Ders., Als ich Erzherzog war, Berlin 1935

Renate Zedinger, Franz Stephan von Lothringen. Monarch, Manager, Mäzen, Wien 2008

Online

ludwigsalvator.com

Bildnachweis

S. 10, 28: Schloss Eggenberg & Alte Galerie/Universalmuseum Joanneum GmbH

S. 7, 20, 21, 39, 46, 95: wiki commons

S. 15: akg-images/picturedesk.com

S. 35: Belvedere Wien

S. 41, 45, 47, 88, 98: Dorotheum Wien

S. 58: Museum Ludwig Köln

S. 69: Sammlung Touriseum – Südtiroler Landesmuseum für Tourismus, Meran (Collezione Touriseum – Museo Provinciale del Turismo, Merano)

S. 85, 107, 125, 129, 152, 153: Wien Museum

S. 91: Bundesimmobiliengesellschaft

S. 111: Ludwig-Salvator-Gesellschaft Wien

S. 130, 133: Ungarisches Nationalmuseum Budapest

S. 136, 139: Salzburg Museum

S. 141, 144: OÖ Landes-Kultur-GmbH

Die Autorin

Katrin Unterreiner studierte Kunstgeschichte und Geschichte an der Universität Wien und war langjährige wissenschaftliche Leiterin der Schloss Schönbrunn Ges.m.b.H. und Kuratorin des 2004 eröffneten Si-si-Museums in den Kaiserappartements der Wiener Hofburg. Sie ist Autorin zahlreicher Bücher über die Habsburger und die Kulturge-schichte der k.u.k.-Monarchie. Sie ist als Kuratorin zahlreicher Ausstel-lungen, Vortragende sowie als wissenschaftliche Beraterin historischer Dokumentationen, u. a. für ORF, ZDF und Arte tätig.

Bereits bei Ueberreuter erschienen: „Habsburgs verschollene Schätze" und „Oh, wie schön sie ist! – Sisi, Kleider einer Kaiserin". Ihr zuletzt publiziertes Buch „Sisi – Das geheime Leben der Kaiserin" stand einige Wochen in den Bestsellerlisten.

Katrin Unterreiner lebt und arbeitet in Wien.